社会思想の発見とその展開

川上周三 著
Shuzo Kawakami

Auguste Comte
Toyohiko Kagawa
Talcott Parsons
Max Weber
Tsuneichi Miyamoto
Kunio Yanagita
Saint-Simon
Shinobu Orikuchi
Gandhi

専修大学出版局

序

　これまで人類は、よりよい社会を求めて歴史的に格闘してきた。それを端的に表現する学問分野としては、社会思想があげられる。社会学の創始者、オーギュスト・コントも、フランス革命後の混乱を立て直し、社会秩序を取り戻すため、社会再組織の学として、社会学を構想した。社会学的思考も含めた社会思想構築の根幹にあるのは、こうした理想社会を希求する欲求なのである。

　本書は、この理想社会希求の視点に立脚して、社会学的思考も含めた「社会思想」の人類における発見とその展開の軌跡を追求することを目的としている。そのため、本書では、社会思想の理論的展開と実践的展開の双方から、この目的に接近することにした。この目的達成のため、本書では、その理論的展開や実践的展開を検討している。

　第1章「開かれた共同体と優しさの行方―キリスト教平和主義の視点を中心にして―」は、『専修人間科学論集』第1巻第2号（社会学篇第1号）および第2巻第2号（社会学篇第2号）に掲載された論文を基にして、それに加筆修正を加えた論文である。本論文では、人類が国民国家間の葛藤を乗り越え、相互理解と相互協力に基づく「開かれた優しさの共同体」を構築することはいかにして可能であるかという問いを立て、その課題に接近するため、世俗逃避的平和主義の事例とその閉鎖性を克服して開かれた共同性を実現していくための構想や事例を検討し、最後に、現代の平和についての傾向性と今後の展望について述べ、その論述の結びとしている。第1章では、キリスト教平和主義の視点から、閉鎖的思想を突破し、開放的かつ現実的思考に立脚した開かれた共同体の思想研究を行っている。第1章は、グローバル化し

た共同体に対応した社会思想のグローバル化を研究した論文である。

第2章「苦難と社会統合―相互扶助社会についての社会学的研究―」は、『専修大学人文科学研究所月報』第254号に掲載された論文を基にして、それに加筆修正を加えた論文である。このテーマに接近するために、本論文では、相互扶助の源泉・苦難の神義論・苦難と社会統合という課題を設定し、その検討を行っている。第2章では、苦難を突破するための社会思想やその実践的営みとして、相互扶助社会についての社会学的研究を行い、苦難を突破し、社会統合を生み出す思想やその実践の分析を行っている。第2章は、相互扶助社会の社会思想とその実践的展開について検討した論文である。

第3章「ピューリタン出自の社会思想家の比較研究―マックス・ヴェーバー、賀川豊彦、タルコット・パーソンズ―」は、『専修人間科学論集』第3巻第2号（社会学篇第3号）および第4巻第2号（社会学篇第4号）に掲載された論文を基にして、それに加筆修正を加えた論文である。本論文では、ピューリタン出自の社会思想家の中から、マックス・ヴェーバー、賀川豊彦、タルコット・パーソンズという代表的な社会思想家を選び、その社会思想と社会理論並びに社会的態度を比較研究している。社会思想や社会理論では、その主意主義的思考・目的論的思考・合理化論的思考・進化論的思考・文化論的思考の比較研究が行われ、社会的態度では、国内政治やグローバルな国際政治に対して取った態度が比較研究されている。

本書の流れを全体として通観するならば、社会思想の理論的展開の軌跡を跡づけると共に、その実践的展開、すなわち行為の実践的起動力となるエートスをも射程に入れた研究を行っていると言える。

本書は、私が専修大学の教員になってからこれまでに蓄積してきた社会思想や社会学的思考が駆使された論文となっており、私の社会学的思考の軌跡とその到達点を示した論文構成になっている。私は、これまでマックス・ヴェーバーの社会学を基軸に据えて研究を行ってきた。マックス・ヴェーバーの理論を具体的に肉付けするため、宗教学・民俗学・政治社会学・ヴェーバー派の社会理論の分野も視野に入れた研究を行ってきた。本書の内容は、こうした諸研究の諸成果を集大成した研究となっており、その意味で、私の学的

思考の結晶点を示す研究である。

　専修大学出版局の笹岡五郎氏と真下恵美子氏には、本書の出版に際し、御尽力いただいた。擱筆するにあたり、ここに、厚く御礼を申し上げたい。

　2019年　春

著者

目　次

序　　iii

第1章　開かれた共同体と優しさの行方 ──────── 1
　　　　―キリスト教平和主義の視点を中心にして―

1　序論　3
2　世俗逃避的キリスト教平和主義論　4
　　2.1　アーミッシュ　4
　　2.2　フッターライト　12
3　ガンジーの非暴力国家思想論と柳田國男の協同組合思想論　15
　　3.1　ガンジーの非暴力国家思想　16
　　3.2　柳田國男の協同組合思想　19
4　世俗内的キリスト教平和主義論　23
　　4.1　クエーカーの共同体思想とその実践活動　23
　　4.2　賀川豊彦の世界協同組合的平和主義論　38
　　4.3　マックス・ヴェーバーの農業政策論と国際政治社会学　52
5　結論　64

第2章　苦難と社会統合 ─────────────── 73
　　　　―相互扶助社会についての社会学的研究―

1　序論　75
2　相互扶助の源泉　76
　　2.1　自然的源泉　77
　　2.2　思想的源泉　78
3　苦難の神義論　87

3.1　マックス・ヴェーバーの苦難の神義論　87
        3.2　柳田國男の苦難の神義論　91
        3.3　折口信夫の苦難の神義論　95
    4　苦難と社会統合の関係　99
        4.1　思想と社会統合　100
        4.2　災害と社会統合　108
    5　結論　113

第3章　ピューリタン出自の社会思想家の比較研究 ── 119
―マックス・ヴェーバー、賀川豊彦、タルコット・パーソンズ―

    1　序論　121
    2　ピューリタン系社会改革思想との関係　122
    3　社会科学の基礎理論　142
        3.1　主意主義的思考　143
        3.2　目的論的思考、合理化論的思考と進化論的思考　146
        3.3　文化論的思考　161
    4　政治に対する対応　172
        4.1　全体主義に対する対応　172
        4.2　国際政治に対する対応　178
    5　結論　186

    結び　193

第 1 章

開かれた共同体と優しさの行方
―キリスト教平和主義の視点を中心にして―

第 1 章　開かれた共同体と優しさの行方

1　序論

　本章では、国際平和というグローバルな視点に立脚して、人類が国民国家間の葛藤を乗り越え、相互理解と和解に基づく開かれた優しさの共同体を構築することはいかにして可能であるのかという問いを立てている。

　本章は、この問いに接近するための一試論である。本章では、この問いに答えるため、世俗逃避的キリスト教平和主義論・ガンジーの非暴力国家思想論と柳田國男の協同組合思想論・世俗内的キリスト教平和主義論という課題を設定した。

　本章では、この課題設定に沿って、1節の序論で、この章の目的と章全体の構成について述べ、2節で、世俗逃避的キリスト教平和主義について論じ、3節で、ガンジーの非暴力国家思想と柳田國男の協同組合思想についての論を展開し、4節で、世俗内的キリスト教平和主義について述べて、その論をさらに進展させ、5節の結論で、この論文のまとめと今後の展望について述べ、この論攷を擱筆している。

　次に、本章構成の論理の流れを概観してみよう。2節の世俗逃避的キリスト教平和主義では、世俗を避け、平和主義と相互扶助愛を実践しているプロテスタント宗派のアーミッシュとフッターライトを取り上げ、その共同体活動について論究している。これらの共同体では、世俗を避けることにより、その共同体作りの理念を貫きやすいが、反面、外に対して閉鎖的な側面を持っている。3節では、この閉鎖性を克服し広げていくための試みとして、ガンジーの非暴力国家思想である農村連合政府構想と柳田國男の相互扶助精神に立脚した協同組合的農村連合国家構想について論じている。4節の世俗内的キリスト教平和主義では、この開放性をさらに進展させていくための試みとして、プロテスタント宗派の一派であるクエーカーの開かれた共同体作りとその超国家主義的国連思想、ピューリタン系の思想家である賀川豊彦の世界協同組合思想、同じくピューリタン系の思想家であるマックス・ヴェーバーの対外的農業政策思想と国際政治社会学の思想について論究している。5節

では、これまで論じてきたことをまとめ、これに加えて、現代の平和についての傾向性と今後の展望について述べ、その論述の結びとしている。

本章では、文献データ・聞き取り調査データ・参与観察データ・インターネット検索データにより、その情報を収集している。方法としては、マックス・ヴェーバーの理解社会学の視点に立脚し、比較法と歴史法と社会学を統合した比較歴史社会学的方法を採用している。

では、以下、本論について具体的に述べていこう。

2　世俗逃避的キリスト教平和主義論

キリスト教平和主義を掲げる宗派の中で、本節では、世俗逃避的キリスト教平和主義の共同体であるアーミッシュとフッターライトについて論じることにする。まず、アーミッシュについて見ていこう。

2.1　アーミッシュ

最初にアーミッシュの歴史と思想について論じてみよう。アーミッシュは、16世紀ヨーロッパにおいて、自覚的な信仰を強調し、教会とは、イエスの教えに献身的に従う人々の集まりであると主張した再洗礼派の一派である。彼らは、これまで教会で受けた幼児洗礼は、自覚的なものではないので、これを否定し、自覚的な信仰をもった後、再度洗礼を受けるべきであると主張し、自覚的な成人洗礼を行ったので、この名前がつけられたのである。再洗礼派のこの思想は、幼児洗礼を認めるカトリックやプロテスタントの双方から、自らの権威を傷つけるものとして受け止められ、異端として排斥されるようになる。この思想は、宗教的恐怖を利用して人民を統制していた官憲の怒りをも買うことになった。あらゆる方面から糾弾された再洗礼派は、その信念ゆえに投獄されたり、処刑されたりしたのである。

アーミッシュは、平和主義の教会を信条とするオランダの再洗礼派指導者

メノー・シモンズ（1496-1561）をルーツとするメノナイト派の分派である。彼らの指導者であるヤーコブ・アマン(1644-1712)の名にちなみ、彼らは、アーミッシュと呼ばれるようになった。ヤーコブ・アマンは、スイスと東フランスの再洗礼派が、社会的な受容を求めすぎるのを憂えていた。世俗受容は危険な誘惑であり、世俗を避けることこそが大切であると考えていた。現今では、メノナイトの多くは、高等教育・職業探求・都市や都市近郊の生活と調和させる道を志向するようになった。これに対し、アーミッシュは、農村地域にとどまり、彼らがオールド・オーダーと呼ぶ生活様式により、17-18世紀の西欧の伝統的習慣を守ることで、彼ら流の思想を体現する道を選んだのである。理不尽な苦難に遭ったとき、彼らが取る態度は、敵を愛し我が身を守ることを拒んだイエスに倣うことである。

　イエスに従うことを重視するアーミッシュは、マタイ伝第5章の山上の説教をとりわけその範としている。そこでは、赦しの教えが語られている。罪は7回まで赦せばよいかと問う使徒ペテロに対し、マタイ伝第18章第21-22節では、7の70倍まで赦しなさいとイエスは答えている。マタイ伝第18章第35節では、「あなたがたの一人一人が、心から兄弟を赦さないなら、私の天の父もあなたがたに同じようになさるであろう」と述べられている。また、マタイ伝第6章第14-15節には、「もし人の過ちを赦すなら、あなたがたの天の父もあなたがたの過ちをお赦しになる。しかし、もし人を赦さないなら、あなた方の父もあなたがたの過ちをお赦しにならない」と述べられている。赦す心を持つものだけが赦されるのである（クレイビルほか、2008a、114-117頁、140-146頁、153-159頁参照）。アーミッシュには、この赦しの教えがあるので、ニッケル・マインズの銃乱射事件（アーミッシュの小学校が襲撃され児童が殺傷された事件、2章2.2節参照）の犯人を赦し、その家族を支援しているのである。特に、犯人の家族を支援しているその赦しの実践活動の中に、心から赦そうとしている態度が滲み出ているのである。家族を殺されたアーミッシュに心の葛藤がないわけではない。しかし、その葛藤を乗り越えて、その赦しを実践しているのである。赦しに効用がないわけではない。復讐は、それを行うものの心に憎悪や恨みや憤りの否定的感情を増殖させ

が、赦しは、それを行うものの心に反ってすがすがしい肯定的感情を残すからである。赦しは、それを与えるものを癒す面も持っている。また、赦しは、銃撃事件によってほころびの入った社会を修復する面も持っている。アーミッシュにとって、赦しは、被害者の家族だけではなく、アーミッシュの共同体全体の課題である。彼らは、アメリカ個人主義社会の中で、それとは反対に、異質な集団主義を維持している。事件の犯人とその家族に対する赦しは、アーミッシュの共同体全体の赦しなのである。事実、犯人家族に対する支援活動やその資金は、アーミッシュ全体で行われている。彼らは、赦しの辛苦も皆で助け合えば軽くなることをよく知っている。ここに、アーミッシュ共同体における相互扶助の精神がよく現れている（同前書、189-220頁、275-281頁参照）。

　次に、アーミッシュの社会生活について見てみよう。アーミッシュは、1700年代半ばから1800年代にかけて、スイスから北米に移住し、ペンシルヴェニア、オハイオ、インディアナ州等に入植した。19世紀後半になると、アーミッシュは、産業革命、大量消費社会の到来といった変化の対応に苦慮した。この時期、一部のアーミッシュがメノナイトのグループに合流している。これに対し、昔ながらの慣習を崩さなかったアーミッシュは、やがてオールド・オーダーズと呼ばれるようになった。このオールド・オーダーズは、自動車や高等教育や現代的な服装を拒否し、17-18世紀の西欧の生活様式を守ってきているのである。ランカスター地方のアーミッシュは、このオールド・オーダーズに属しているのである。

　アーミッシュの社会の基本単位は拡大家族である。1人のアーミッシュにいとこが75人いたり、老夫婦に50人以上の孫がいることは珍しくない。アーミッシュの男女は古くから明確に決められている性役割に従う。家族の中では夫が宗教指導者とされている。妻は一般に家事と育児に専念する。幼い子どものいる母親が家の外に働きに出ることはほとんどないが、一部の母親は自宅に設けられた店舗や温室、パン屋で働いている。ほとんどの女性は家庭内の意思決定や子どものしつけも分担するが、宗教的な長は男性であることを認めている。

第1章　開かれた共同体と優しさの行方

　アーミッシュ社会は自治を任されている各地の教区から構成されている。道路や小川を地理的な境界とし、25世帯から40世帯が集まってできる教区は彼らの社会的・宗教的拠点である。アーミッシュは教会の建物を持たない代わりに、隔週の日曜日に教区民の自宅に持ち回りで集まって礼拝を行う。アーミッシュは互いに密着して暮らしているため、日常生活でも直接的な交流が盛んに行われている。

　各教区（Distrikt, Dale）にはそれぞれ男性の指導者たちがいて、通常1人の監督（Bischoff, Völliger Dienst）、1人の牧師（Diener zum Buch）および1人の執事（Deakon, Armen Diener）で構成される。彼らはくじ引きで選出されている。監督は地区を統括し、それを牧師たちが助ける。執事は相互扶助の調整に当たり、教区民の間で高額医療費をどう分担するかを決める。これらの指導者の中には公式に神学を修めたものはいない。資格要件で最も大事なことはアーミッシュの生活様式を一貫して守ってきたことである。教会の職務は終生のものであるが、報酬はないために別の仕事で生計を支えなければならない。

　教区が集まってできる地域は〈居住区〉と呼ばれる。居住区には教区が1つきりのものから100以上の教区を要する大きなものまである。オハイオ州ホームズ郡は、ざっと200の教区が集まる最大の居住区の中心である。ランカスター居住区は北米アーミッシュの居住区としては最古の歴史を持つ。ここには子どもと成人を合わせ約2万8000人が暮らし、教区数は現時点で165を数える。

　類似した慣習を持つ教区同士で指導者が協力関係にある場合、そのまとまりを〈所属教派〉という。教区や居住区のような地理的なまとまりはないが、所属教派共通の生活規則と教会のしきたりを持つ。所属教派のメンバー同士で仲間を作り、しばしば通婚もするし、牧師が相手の教会で説教することも認められている。北米アーミッシュには、それぞれに独自の慣習を持つ24以上の所属教派がある。これらの下位集団をまとめる中心組織や全国的な教団組織は存在しない。所属教派に加わる教区はほとんどの点で類似した慣習に従っているが、生活に関わる最終権限は個々の教区にある。

北米アーミッシュは、米国27州とカナダのオンタリオ州にある375の居住区に分かれて住んでいる。これらの居住区すべて合わせておよそ1600の教区がある。アーミッシュの人口のほぼ3分の2がオハイオ、ペンシルヴェニア、インディアナの3州に集中している。

　高等教育、自動車の所有、インターネットの利用を拒否するこのような伝統集団は、衰退の一途をたどっていると思われがちである。しかし、驚いたことに、アーミッシュの人口はほぼ20年ごとに倍増しているのである。現在、成人と子どもを合わせその数は20万人近い。この成長を支えているのは大家族主義と高い定着率である。1家族当たり子どもは平均約7人だが、10人以上という家族も珍しくない。一般に若者の約90パーセント以上が教会に加わる。アーミッシュは他宗派からの転向者は求めないが、彼らの規則を守ることを条件に部外者が参入することは認めている。

　アーミッシュにおいて聖書の教えは、「規律」を意味するドイツ語であるオードヌンク（Ordnung）を通じて日常生活に適用されている。オードヌンクは特定の教区限定の規則集であるが、通常は文書化されず、慣習と口伝により継承されていく。オードヌンクは「現世からの離脱」という聖書の教えを服装、マス・メディアやテクノロジーの利用、娯楽などに当てはめようとするものである。教会指導者たちは、たいていは教区民から新たな問題が持ち上がると、その都度規則を更新する。携帯電話・コンピュータ・装飾的な家具・派手な格好など意見が分かれる問題については教区民会議で話し合う。それぞれの教区のオードヌンクは年2回、春と秋の聖餐式の前にこの会議の場で再確認される。

　自動車は遠隔地への移動を可能とし、電話やテレビやインターネット等は外部との接触を可能とするものである。これらのものの利用は、世俗をあえて避け、農村共同体生活をしている彼らの共同体の生活秩序を危うくするため、その利用を禁止しているのである。

　アーミッシュの集団はどこも男女に決まった服装をさせている。既婚男性は顎ひげを伸ばすが口ひげははやさず、アーミッシュ特有の帽子とベストを着用する。女性はボンネットを被る。服装は通常しばしば個人の好みを表現

第1章　開かれた共同体と優しさの行方

するものだが、アーミッシュにとっては、集団的秩序への服従を表すとともに、集団のアイデンティティを公に示すシンボルである。オールド・オーダー・アーミッシュは、自動車の所有、公共の電線から電気を引くこと、テレビやパソコンの所有、高校や大学への通学、軍隊への入隊、離婚をオードヌンクで禁じている。教区民は洗礼を受けるに際して、今後は教会の規律を守り、誓いを破れば破門もあり得ることをしっかり理解したうえで、オードヌンクに従うことを誓約するのである（クレイビルほか、2008a、228-294頁；坂井、2007、32-33頁参照）。

　アーミッシュのほとんどは農民であるが、農民組合といった団体結社への加入、非アーミッシュ経営の生命保険、火災保険の契約を結ぶことも許されない。これに代わるものとして、死亡、事故、病気といった予期しない出来事が生じた場合には、教区の執事の采配のもとに、当該家族の農作業などの一切について共同体の責任において援助を怠らない。まさにスタートせんとしている若き農民に、農場購入資金を無利子または低利子で貸し与え、農具、家畜、種子などを送ってその門出を祝う。彼らにとり、若き農民への惜しみない援助は最大の美徳に数えられており、相互に助け合うことはなすべき当然の義務とされている。ほとんど全ての共同体において、火災その他による建物被害に備えて一種の集団保障制度を展開している。これは「アーミッシュ扶助計画」と呼ばれている。アーミッシュは、生命保険や火災保険になぜ入らないのだろうか。それは、もしこれに入ると、彼ら同士の美徳である自立的な相互扶助の実践が困難に遭遇することになるからなのである。

　アーミッシュの農業生産物は、その食の安全性とおいしさから北米でブランドとなっている。彼らは、このブランド化によって、経済的に成功しているのである。フィラデルフィアのランカスター地方のアーミッシュは、フィラデルフィアの市内のスーパー・マーケットで、彼らの農業生産物販売の店舗を出している。このスーパー・マーケットでは、午後3時頃には、彼らの商品は売り切れてしまう。彼らは、この小市場で、農業生産と商業を両立させることによって、現代の市場経済に適応しているのである。

　アーミッシュにおいて、最も重要視される教育の意義はその宗教文化の伝

達にほかならない。それは両親も幼き日に伝達されたアーミッシュ固有の生活法を次世代に伝達するということである。あらゆる機会を通じて、両親は自らを範として聖書、祈禱あるいは教会規律を子どもに教え、日曜日の説教礼拝には家族全員で出席する。このように、彼らは子どもが一人の農民、主婦として教会と共同体からの期待に沿うことができる責任と義務を遂行できる人物に養育するのである。この家族の教育の足らざるところを補うのが学校という公的な場にほかならない。社会生活にとって必要最小限の学校教育、とりわけ読み、書き、算数の能力を身につけさせる目的で、18世紀中葉に早くもアメリカ・アーミッシュの牧師ヤコブ・ヘルツラーが、今日のアーミッシュ小学校の原型ともいえる単級小学校設立のために努力を重ねたことが伝えられている。アーミッシュは、今日、かつてヘルツラーが設立したアーミッシュ小学校を範とする単級小学校を、自らの財政的負担において設立、運営しているのである（坂井、2007、42-43頁、58-60頁参照）。

　アーミッシュの小学校の教科書には、無抵抗の愛や赦しの実践を促す話が集められている。このうちの一つ、「ピーター・ミラーの復讐」は、米国の独立戦争の時代に生きたピーター・ミラーという無抵抗主義のクリスチャンが主人公だ。

　　「ミラーと彼の友人達は良心に背いて戦いに加わったり、いずれか一方に加担したりできなかった。彼らは、戦争は過ちであると固く信じていた。それでも、英国人であろうと米国人であろうと、困っている人を助けることは決して拒まなかった。」（クレイビルほか、2008a、176頁）

　物語はそれから、無抵抗主義のミラーを「大馬鹿者」と考え、嫌がらせを続けてきたマイケル・ホイットマンという男の話になる。
　ある日、ジョージ・ワシントンの軍から逃亡した「餓死寸前の」男の世話をしていたミラーは、その兵士から、裏切り者のホイットマンがつるし首になると聞く。ミラーは、さんざん嫌がらせを受けた男の命乞いのため、ただちに家を後にし、深い雪のなかを3日間ぶっ通しで歩き続けた末に、ワシン

トン将軍に直訴する。将軍は、ミラーの話に耳を傾けてくれたが、ホイットマンは公正な裁判を受けたのだと言う。そうでなければ「あなたの友人を喜んで赦免するのだが」と静かに語る将軍に、「友人ですって？」とミラーは声を上げた。「彼は私の仇敵です」。

ワシントンは驚き、なぜわざわざ敵の赦免を願い出るのか、いぶかしがる。しかし、結局、彼は恩赦を下すことになり、ミラーは間一髪のところで処刑場にそれを伝えることができた。そして、話の結末は、行動は言葉に勝るという、アーミッシュの大事な教訓を伝えるものになっている。

「『ああ、ピーター』、ホイットマンは泣きながら言った。『あんなに酷いことをした俺を、なぜ赦してくれるのだ？』ピーターは黙って首を振るばかりであった。何も言えなかった。しかし、あえて何か言う必要もなかったのである。」（同前書、177頁）

秋の聖餐節に読まれる聖句集には、人を赦さなければ自分も危うくなることを教える話がある。銃乱射事件で重傷を負った10歳の少女は、両親からこの話の意味を聞かれ、「人を赦さなければなりません」と答えたという。

乱射事件のとき、13歳のマリアンは犯人のチャールズ・ロバーツに、自分を最初に撃ってと言った。予期せぬ危機に直面し、彼女が真っ先に取った行動は、我が身を投げ出し他の生徒を救う行動だった。8年生のマリアンには、イエスが身をもって示した十字架の精神、他者のために自己を犠牲にする精神がすでに身についていたのである。アーミッシュの小学校では、再洗礼派の父祖たちが、迫害によって殉教する英雄的な殉教物語も、また、教科書として採用されていることも、マリアンの後輩をかばう態度に影響を与えていると考えることができる。アーミッシュの意識の底に埋め込まれた価値観が、ロバーツの凶行に遭うや発動したのである。そして、その後さらに、赦しという形を取って現れたのである（同前書、176-178頁参照）。

2.2 フッターライト

　フッターライトは、16世紀の宗教改革期に南ドイツ、チロル、オーストリア地方の再洗礼派の人々によって創設されている。フッターライトという名称は、初期のこの集団の最も有力な指導者であり、また、この集団の組織者ともいえるチロル出身のヤーコブ・フッターに由来している。彼らの保護者となったのは、モラヴィアのリヒテンシュタイン公であった。保護者のリヒテンシュタイン公に対して、ウィーン政府の圧力があることを知った彼らは、モラヴィアのニコルスブルクから立ち去り、彼らの保護を約束したアウスターリッツのカウニッツ公の領内に定住することになるのである。アウスターリッツへの途上、略奪などに遭い困窮に直面した彼らは、各自の所有物を出し合って集団全体の存続をはかった。この出来事が彼らが財産共有共同体を実践する契機となったのである。今日、この出来事が実践された年である1528年をフッターライトの創立年としている。彼らの財産共有制の聖書的根拠は、使徒行伝第2章第42-47節の「全ての神の賜物は、霊的なもののみでなく現世のものも、一人の人が所有するためにあるのではなく、すべての兄弟姉妹と共に所有すべきである」にある。この財産共有制に立脚している点が、個人の財産に立脚しているアーミッシュとの違いである。

　各共同体の宗教指導者は、説教・洗礼・聖餐等を行い、宗教的分野における儀礼の執行や指導を行う。その他に、教会のこの世的物質的なものの分配と管理を行う役割がある。今日のフッターライトでは、前者を牧師、後者を執事と呼んでいる。迫害を逃れ、彼らは、ウクライナに移住した。ここでもロシア政府のシベリア入植を強制されたので、彼らは、新天地を求め、北米のサウス・ダコタ州に移住して今日に至っているのである。北米移住当時の1874年には、3カ所の入植地に443名を数えたにすぎなかったのに対し、120年あまり後の1996年には、430の入植地と3万7297名の人口を擁するまでに成長している。

　フッターライトは厳格な一夫一婦制である。配偶者選択は、同一の共同体か類似の同じ宗派の共同体間で行われている。彼らは父系居住婚の形態を

取っている。新婚夫婦のために、牧師あるいは執事の妻が彼らの新居を指定し、家具その他一切の生活必需品をアレンジする。彼ら自身でこれらの品々を準備する必要は全くないのである。フッターライトは男性中心の社会である。共同体の役職である牧師・執事・部局責任者・学校教師など、公的意思決定はすべて男性の既婚メンバーに限定されているからである。女性の地位はこのようなフォーマルな場では制限されているが、インフォーマルな面では女性の影響力は大きいと言える。たとえば、女性の職場である調理場の設備改善のような共同体レベルの問題では、夫を説得して間接的な影響力を行使しているのである。より適切に表現するならば、「女性により助けられ支えられている男性社会」なのである。

共同体における性別役割分業は明白である。男性は農場で高性能の大型農業機械を駆使して農耕にはげみ、同じく高度に自動化された畜舎で乳牛、豚を飼育し、また鶏舎や七面鳥舎で数万を数える家禽類を飼育している。他方、女性は唯一の女性執事の指揮のもとに、調理場で共同体全員の食事の準備をし、パンを焼き、保存食料を作り、洗濯場で働きそして核家族の家事の責任を担うのである。

フッターライトでは、自己発達ではなく、「自己放棄」が目標である。個人の意志ではなく、共同体の意志が重要となる。自己放棄は、個人が自己のあらゆる欲求、関心、利己心を捨て去り、全身全霊、全人格をあげて神の意志に服従し、神の摂理に身を委ねることである。同時に、自己放棄は唯個人レベルにとどまることなく、それは財産共有共同体という集団レベルにおいてはじめて達成されるということでもある。フッターライトにおいては、財産共同体の一員となるべく、幼少時より入念な社会化教育が行われるのである。彼らは教育を自己改善の手段ではなく、「神についての知識と神を畏れること」を子どもに移植する手段と位置づけている。彼らの目指すところは、次世代をして優れたフッターライト成員に養育することなのである。

宗教的訓練は乳児が若干の固形物を摂取できるようになった頃から始められる。幼児が3歳になると保育所に入る。保育所は共同棟の調理場近くに設けられている。保育は、「教会によって任命された姉妹」が交代で保母役を

担当している。保育所では、幼児たちは、初歩的な宗教教育とともに、日中の大部分の時間を家族と離れて過ごし、共同体の一員であることを学ぶのである。そこでは可能な限り自己主張は抑制され、その年齢集団の仲間と協調しながら自らがいかに行為すべきかを学習するのである。保育所に通う年齢は、3歳から5歳までである。6歳から14歳までの児童期は、小学校で学ぶ。現在のフッターライトでは、小学校と英語小学校が設置されている。彼らの教育を全面的に担当し、その全責任を委ねられているのは、共同体によって選出された学校教師およびその妻である。教師は児童の信仰に関してのみでなく、あらゆる生活行為に全責任を負っている。6歳児には、初歩的なドイツ語読本が、上級生になればルター訳聖書、聖書物語、そしてフッターライト史などが与えられている。児童はこの小学校でドイツ語をほとんど暗記法といってよいような方法で学び、聖書の言葉やフッターライト讃美歌を諳んじなければならない。食事のときには、教師の妻が食堂のテーブルに食物と飲み物をととのえ、子どもたちの食事の世話をし、食事のマナーを教えるのである。英語小学校には6歳から14歳までの児童が通学し、州政府が定めたカリキュラムに従った教育が行われている。この英語小学校のスケジュールのゆえに、伝統的な小学校はその始業前、放課後あるいは休暇中の午前中に開かれている。

　15歳以降の青年期には、成人労働者として日常的な共同体の仕事が割り当てられる。朝食後にその日の作業が指示され、日中その作業に従事しなければならない。洗礼のための特別教育が入念に施されるのもこの時期であり、洗礼式に先立つ6週ないし8週の期間行われる。洗礼式は一般にイースター前の「枝の主日」に行われる。志願者は牧師による最後の特別教育を受ける。洗礼を受けた後は、男性は正規のメンバーとして共同体の意思決定に参加し、役職者選出のために投票する特権が与えられる。

　今日、北米のフッターライトの共同体では、高度に多角化した農業を常に実践している。万一、一つの農作物が価格の暴落や天候不順のゆえに失敗したとしても、他の部分でその欠陥を補うことが可能となるからである。大型の近代的農業機械を駆使し、またこの高度に多角化した農業経営により、今

日の北米の市場経済的農業市場に適応し、彼らの生活の安定をはかっているのである。

　彼らは、幼少時からの宗教教育により、自己放棄の内面化が進められ、完全な自己放棄が共同体によって確認されてはじめて、共同体の一員としての加入が洗礼という形で実現される。ここにいたって、彼らは、財産共同体の正規の成員として、私的活動ではなく、共同体の仕事に専念することになる。彼らは、彼らの職業労働である農業労働に勤しむのである。フッターライトは、その予算支出の大半を農業生産に使い、日常生活に直接関係する支出は最小限に抑制されている。禁酒、禁煙が課せられており、娯楽費の如き支出は全くない。このように、フッターライトでは、世俗内的禁欲生活が厳しく実践されているのである。この点にも、「自己放棄」の精神が貫かれているのがわかる。「自己放棄」と「財産共有制」というフッターライト特有の教えは、彼らの禁欲生活と仕事への勤勉を生み出す心理的起動力となっているのである。フッターライト共同体において獲得された富、財貨を管理するのは個々の成員ではなく、牧師を長とする委員会、より具体的には執事に委ねられている。彼らこそ、神によって与えられた財産を預かっている「神の管財者」なのである。彼らは何よりも優先して農業生産に必要とされる費目の支出をし、節制に努めて生計費を可能な限り切り詰め、可能な限り多額の剰余金を生むべく最善の配慮を怠らないのである。このようにして生み出された剰余金が入植地設立時の債務返還に充当されるとともに、新設に際しての重要な投下資本となるのである。フッターライトが今日、次々と入植地を新設して繁栄しているのは、彼ら特有の「自己放棄」と「財産共有制」の教えが経済面で実践されていることと深く関係しているのである（坂井、2007、89-95頁、101-135頁参照）。

3　ガンジーの非暴力国家思想論と柳田國男の協同組合思想論

　本節では、マハトマ・ガンジー（1869-1948）の農村連合政府構想による

非暴力国家思想と柳田國男の貧農救済策としての協同組合思想について論じてみよう。

最初に、ガンジーの非暴力国家思想について見てみよう。

3.1　ガンジーの非暴力国家思想

　ガンジーは、各インドのそれぞれの村が、すべての権限を握っている共和国、つまり、パンチャーヤットになることを提唱した。ガンジー当時、インドでは70万の村があった。彼は、この70万のパンチャーヤットは連合制度に集められるという計画案を立案している。村のパンチャーヤットの代表は、タルカ・パンチャーヤット（大体20の村）を組織し、その代表がまた地域パンチャーヤットを組織し、その上にまた州レベルのパンチャーヤットがあり、そして最後に全インドのパンチャーヤットが組織されるという構想になっている。だからといって、全インドのパンチャーヤットである中央政府に主権があるわけではない。村のパンチャーヤットの上の組織は国連のような組織である。つまり、かなりの権威はあるが、加盟国の主権に干渉する権利のない国際機関のような組織なのである。この上級の組織の機能は強制的ではなく、助言的である。下のパンチャーヤットをガイドし、相談に乗り、監視をするが、命令はしないのである。

　自由インドの行政の基本的な単位となるのは、自給自足かつ自治の村である。その方式は、インドの昔からの伝統に合うとガンジーは考えたのである。

　各村は、成人全員の選挙で、パンチャーヤット員（普通は5人）を選ぶ。村が大きい場合、5人から11人を選ぶこともある。パンチャーヤットは全員一致でサルパンチ（議長）を選ぶ。全員一致ができない場合、村民の成人全員が、パンチャーヤット員から議長を選挙で選ぶ。パンチャーヤット員の任期は通常3年とする。パンチャーヤット員は3回まで選ばれる。しかし、パンチャーヤット員の一員が任期中に村の信用を失った場合、村民の75パーセントの投票でリコールできる。村のパンチャーヤットだけが、収税会計記録官、夜警、警官などの役員を任命できる。特に少数派の権利に関係のある場

合、パンチャーヤットの決定はなるべく全員一致とする。
　村は最大の自治権を行使するので、パンチャーヤットの機能は、村の社会的・経済的・政治的生活のほとんどすべてを含む、広くて総合的なものである。それは、次のようになっている。

①教育
　　a　生産技術を学ぶ小学校または基礎学校を運営する。それにより、文化的教育と技術的教育は１つのものとなる。
　　b　図書館と読書室を運営する。図書館の本は教育的で、村の社会的・経済的・政治的活動と直接関係を持つものでなければならない。
　　c　大人のための夜間学校を運営する。
②レクリエーション
　　a　アクハーダ(体育館)、遊び場などを設ける。インドのゲームやスポーツを勧める。
　　b　定期的に美術工芸の展覧会を開く。
　　c　それぞれの共同体の重要な祭日を皆で祝う。
　　d　年中行事を組織する。
　　e　賛歌を歌う会を組織する。
　　f　民謡、民舞、民劇を奨励する。
③治安
　　a　村を、泥棒、強盗、野生動物から守るため、保護官を置く。
　　b　すべての村民に、サティアグラハ（非暴力運動）や非暴力抵抗と防衛の定期的訓練をさせる。
④農産業
　　a　それぞれの村の農業小地所の使用料を算定する。
　　b　借地人から使用料を集める。
　　c　借地の統合や共同農業を進め、組織化する。
　　d　灌漑のための適切な配置をする。
　　e　共同の店を通して、質のいい種と能率のいい道具を提供する。

- f 必要な食用穀類がなるべく村の中で生産されるように取り組む。現在の換金作物制度を抑制する。
- g 借金を概観し検察して、必要ならそれを抑えて、そしてその利息率を管理する。
- h 土地浸食を止め、共同労働で空き地を開墾する。

⑤産業
- a 村で消費するカーディー（インドの手織り布）の生産を組織する。
- b それ以外の村産業を、共同産業方式で組織する。
- c 牛乳・乳製品製造場を運営する。水牛より牛を勧める。
- d 死んだ動物の皮を使用する皮なめし工場を運営する。

⑥貿易と商業
- a 農工産物の共同販売を組織する。
- b 消費生活協同組合を組織する。
- c 生産物の余剰だけを輸出し、村で生産できない必要品だけを輸入する。
- d 共同倉を運営する。
- e 村の職人の必要に応じて、低価格の信用機関を設ける。

⑦衛生と医療制度
- a 適切な下水施設を運営することによって、村の衛生を守る。
- b 公害を阻止し、伝染病の広がりを食い止める。
- c 健康な飲み水のための施設を運営する。
- d 村の病院および産婦人科センターを運営する。医療は無料にする。伝統的療法、自然療法などを薦める。

⑧司法
- a 安くて速やかな司法制度を提供する。パンチャーヤットは民法に関しても刑法に関しても幅の広い権限を有する。
- b 無料の法律扶助を提供する。

⑨財務および課税
- a 特別な目的があった場合、税金を取り立て、徴収する。現物給付や村の企画のための共同肉体労働を進める。

b　社会的または文化的行事のための個人からの寄付を受け付けする。
　c　出入金の会計を監察する。会計書類は公的監視や監査に開かれている。

　村の社会的・経済的・政治的活動を調整するため、タルカ（村の複合）および地域パンチャーヤットを組織する。
　ガンジーの目指す理想郷は、ロシアの無政府主義者のピョートル・クロポトキンの『相互扶助論』に描かれている社会に似ている。村の組織は人間にとって最も自然な組織なのである。村民は最も自然な相互関係を持って、自分にとって最も自然な性格を形成し、村も最も自然な働き方をし、そして平和と秩序を守るためにその村を外から支配・統治する必要はないのである。これは具体的な歴史的証拠に基づいた共和国案なのである。インドの伝統的な村は、村人の「相互扶助」に基づき運営される自立（スワラージ）した自治組織だったからである。この自治組織は外部の組織に依存せず村内で運営されるので、外部の組織と争いが起こる可能性が少ないのである。村を中心としたこの国家案は、彼の非暴力と平和を貫くのに適合した案なのである。その意味で、この国家案は、ガンジーの平和憲法案なのである（ラミス、2009、61-64頁、73-81頁、87-103頁参照）。
　前節で論じた世俗逃避的キリスト教平和主義のアーミッシュやフッターライトも農村共同体である。自立した農村社会のほうが非暴力主義と平和主義と相互扶助を貫くのに適しているからである。ガンジーの非暴力国家論も、農村に基礎を置いた構想なのである。
　ただ、彼のこの国家構想は、アーミッシュやフッターライトのように、村の中に孤立して閉じこもるのではなくて、村の主権を重視しながらも、より開かれた村共同体連合の政府を目指す構想だったのである。
　次に、柳田國男の協同組合思想について見てみよう。

3.2　柳田國男の協同組合思想

　柳田國男は、1900年に成立した産業組合法に立脚した農民同士の相互扶助

の精神に基づき、協同組合事業を通じて、農村の貧困問題を解決しようとしていた。彼は、協同組合事業を通じて、農村の構造改革を成し遂げようとしていた。それは、農業生産力中心の上意下達による協同組合押しつけの国家政策とは異なり、農民の自助と協同による相互扶助の精神に立脚した下からの協同組合であった。西洋、特にイギリスでは、労働者自らが、自助と協同の相互扶助精神に立脚して、協同組合を結成したのである。イギリスでは、解雇されたロッチデールの職工たちが、自分たちの生活を守るため、自らロッチデールの職工協同組合を設立したのである。西洋では、このように、下から自発的に協同組合が成立したので、協同組合の基礎精神である自助と協同の相互扶助精神が組合員相互に浸透し、組合員たちの間で自ずと身についてきているが、日本では、国家政策として、上から協同組合事業を推進しようとしてきたため、協同組合を支える相互扶助の精神が未発達であるのが問題であった。資本主義の市場経済競争と明治政府の鉄道等のインフラ整備事業により、日本の農業は、地方の小市場が大都市の中央市場に直接支配される「中央一極集中型」の農業構造となり、小市場が衰微してしまったのである。これに対し、西洋の農業では、まず、地方の小地域の小市場があり、それらの小市場が連鎖して形成された地方の地域連合の中市場があり、それに加えて、大都市の大市場が形成されている。そのため、小市場・中市場・大市場が併存する「地域分散型」の農業構造になっているのである。この「地域分散型」の農業構造が維持されているので、西洋では、この基礎の上に、農産物の小市場経済取引を行い、農民たちは自助と協同の相互扶助の精神に基づく協同組合を発達させてきているのである。日本でも、中央中心のインフラ整備事業ではなく、地方中心のインフラ整備事業である県道や地方鉄道の整備事業により、農産物の小市場経済取引を再生させ、その連鎖蓄積により、地域連合による中市場を発達させていくことが、農民の幸福、ひいては日本国民の幸福に繋がると柳田は考えていた。この小市場・中市場・大市場併存政策を採用し、日本の協同組合事業を発展させていくことが、今後の日本の取るべき道であると、彼は考えていたのである。

　協同組合事業の基礎精神である自助と協同の相互扶助精神は、年貢支払い

のため、農村が一致団結した江戸時代の農村の相互扶助の郷党の結合精神に見られると柳田は考え、その郷党精神を農民たちに自覚させることが協同組合を推進するために何より大切であると考えた。そのためには、農村に根づいている民俗精神を掘り起こす作業が必要であると考え、民俗学を志向することになった。彼の著作である『遠野物語』や『後狩詞記』は、自助と協同の相互扶助精神を農民に自覚させることを意図して作られた民俗学的著作なのである（藤井、2008、82-98頁、114-126頁、134-166頁、194-200頁参照）。

　ところで、農地面積の大小により、農民は小農・中農・大農に分けられるが、資本主義的市場経済の自由競争という過酷な環境の中で農業を営んでいくためには、小農のままでは無理で、小農を中農に引き上げ、小農から中農へと、農地面積の拡大を図る中農養成政策を行うことが必要であった。

　中農養成政策として、柳田は、生産の3要素である土地・労働・資本の再分配策を提示している。「土地の再分配策」としては、個々の農家に当時の平均の2倍以上に当たる2町歩以上の農地面積を持たせるという提案を行っている。1戸あたりの農地面積を2倍以上に拡大するためには、日本全国の農地面積に変化がないとすれば、農家戸数を半分以下に減らさなければならない。

　そこで、「労働の再分配策」では、農業からの転業、つまり離農が積極的に奨励されている。それは、離農する農民にとっても、収入を増やすうえで必要なことであった。離農するにあたっては、村から離れて外に出るのもかまわないが、柳田は、村内で農業以外の産業、具体的には工業に従事することを視野に入れている。村内で農村工業を活発にすれば、そこに人口を吸収することができる。農村人口を減少させることなく、「中農」を創出し、かつ工業を育成できるという一石二鳥の案である。「中農」が市場経済に即した経営を行うためには、農業改良事業、すなわち、農業者の能力向上を図る事業が必要であった。その事業には、技術面の能力の向上ばかりでなく、「農業教育」も含まれていた。「農業教育」では、生産技術に関する教育ばかりでなく、経済の教育も重要視されている。それは市場経済に関する教育である。農業者は、市場に向けて生産し販売する。また市場を通して肥料や農機

具、生活用品等を購入する。市場経済や地域経済に関する十分な経済知識が必要となるのである。農業教育の場として彼が期待したのが産業組合である。産業組合の組合員は農業者と工業者である。産業組合は商業活動・金融活動を行うので、農民にとっては、産業組合での活動が同時に商業教育・金融教育の場となるのである。

　市場経済下の農業経営にとって、資本は不可欠である。資本の不足が市場での敗退に結びつくと彼は考えていた。このためには、一つには政府が補助金を農家に出すという方法がある。柳田はこの方法に批判的であった。彼は、補助金政策のもとでの農民は、補助金に依存し、農民自身の経済合理性や自助の精神を損なってしまうと考えていたからである。「資本の分配策」で、彼が提示している方法は、農民自身が資本を自ら調達するという自主金融の方法である。その手段は信用組合の活用である。販売組合で売り上げを増やし、購買組合と生産組合でコストを節減し、この3組合によって得られた利益を信用組合に貯蓄して組合員相互で融資しあうという方法である。柳田は協同組合による資本供給策を積極的に奨励していたのである（藤井、2008、98-107頁参照）。

　柳田は、当時の上から下への農業政策から、下から上への農業政策へと政策を転換することにより、日本の農地改革を断行し、日本の貧農問題を解決しようとしたのである。この農業政策の手段となる方法は、「自助と協同」や「協同相助」という相互扶助精神に立脚した「協同組合」だったのである。

　村社会の「協同相助」の相互扶助精神を掘り起こし、それを基礎にした農業生産組合・購買組合・販売組合・信用組合を結合した協同組合連合を村社会に広め、その農業生産物を小市場に出荷する方式を全国的に拡大すれば、彼の下から上への農業構造の変革は可能となるのである。これにより、従来の中央市場一極支配型の農業構造から、村の小市場、小市場の連鎖である地域の中市場、中央の大市場が併存する地域分散型の農業構造へと、日本の農業構造の変革が行われるのである。それは、村民の自助と自治に基づく下からの民主主義の実践でもある。明治の急速な工業化は、農業を周辺に押しやり、地方の農民と大都市の非農業民との格差を増大させてしまった。柳田の

協同組合的社会政策は、この格差を是正し、平民の大多数が幸福になる国民幸福社会の実現を目指す試みであった。

　農村の自助と協同の相互扶助精神を基礎とし、農村を単位として、その農村の連合体である地域、その上位にある中央政府へと積み上げていく、下から上への民主主義的政府構想という点で、ガンジーの非暴力国家思想論と柳田國男の協同組合思想論は共振関係にある。両者の実践思想は、両者の国の伝統を基礎にそれを生かそうとする構想であり、単なる絵空事ではなく、政策によって十分実現可能な試みだったのである。

　ともあれ、彼の社会政策は、「日本国内」に集中した社会政策であり、グローバルな「対外的視点」を持っていないのが欠点であると言えよう。このグローバルな対外的視点については、賀川豊彦の平和思想やマックス・ヴェーバーの「移民問題」も視野に入れた農業政策や国際的政治社会学を論ずるときに、詳しく論じることにしよう。

4　世俗内的キリスト教平和主義論

　本節では、最初に、キリスト教平和主義の宗派の中で、世俗内的キリスト教平和主義の傾向を示すクエーカー派の思想とその実践活動について述べ、続いて、ピューリタン派の思想家である賀川豊彦の協同組合的平和主義思想について論じ、最後に、同じく、ピューリタン派の思想家であるマックス・ヴェーバーの農業政策論と国際政治社会学的平和思想について考究して、まとめとすることにする。

　最初に、クエーカーの思想とその実践活動について見てみよう。

4.1　クエーカーの共同体思想とその実践活動

　1638年に、スウェーデン人とフィンランド人が先住民のインディアンと毛皮とたばこの交易をするために、現在のフィラデルフィア南部・ウィルミン

トン・チェスター近辺と南西ニューキャッスル近辺に居住することになったのが、この地域におけるヨーロッパ人による植民の始まりである。この地域は、ニュースウェーデンと命名され、1643年に、スウェーデン人のヨハン・プリンツ総督は、現在のティニカム島をニュースウェーデンの首都に定めた。この当時、イロコイ族との交易により利益をあげていたニューアムステルダム（現在のニューヨーク）のオランダ人は、この交易により、彼らの利益を源から吸い上げられてしまうことを恐れて快く思わなかった。オランダ人は、この植民地に兵士を送って、わずかな抵抗を受けたのち、この植民地での支配権を確立した。彼らは、この地域のニューキャッスル近辺にあるスカンジナビア砦をニューアムステルダムという名前に変えた後、他の地域に再植民を行い、この地域を植民地化するための努力をあまりしなかった。

　1654年に、英国が、オランダからニュースウェーデン地域を奪い取り、その結果、この地域は、オランダ領から英国領に代わった。1680年に、この地にやってきた大部分の英国人の新来者たちは、デラウェア川下流の地域とその近辺が気に入ったが、そこでの植民のための計画を何も持っていなかった。

　フィラデルフィアの生みの親であるウィリアム・ペンは、こうした状況の中、颯爽と歴史の舞台に登場してくることになるのである。英国政府のさまざまな地位を歴任し裕福な地主であった彼の父ウィリアム・ペン海軍総督は、友人である英国王チャールズ2世に多大な財産を貸していた債権者でもあった。息子のウィリアム・ペンは、当時の英国国教会を批判したため迫害を受けていたクエーカー教の信徒であった。彼は、信仰の自由を公然と掲げ、英国国教会の支配に反対し、反王政の立場を取っていた。このため、チャールズ2世にとっては、彼は英国王政を否定する目の上のたんこぶ的な存在であったが、彼の父が政府の要職にあるため、乱暴な取り扱いができないでいた。

　彼の父、ペン総督の死後、息子のペンが、国王に借金の返還を要求してきたとき、国王の心の中に、自分自身の借金を棒引きにし、しかもこの厄介者を追放する一挙両得の考えが閃いたのである。それは、英国の領土であった現在のペンシルヴェニア地域を彼に割譲する案だったのである。この地域は、

第1章　開かれた共同体と優しさの行方

海岸のない内陸にあるため、植民に望ましくない地域と国王が考えていたこともその理由の一つであった。この案は、信仰の自由とその理想の実現を求めていたペンにとっても渡りに船であった。彼は、この国王の提案に賛成し、1681年に、国王よりこの地を与えられることになった。この地は、ペンの父に敬意を表して、ペンシルヴェニアと名づけられた。その翌年の1682年に、彼は、アメリカのこの地にやってくることになった。内陸にあるこの地域は、彼によって、豊かで戦略上重要な位置づけを持つ植民地に変えられることになったのである。

　1683年に、ウィリアム・ペンは彼の理想郷の試みの場として、フィラデルフィア市を築いた。フィラデルフィアとは、ギリシャ語で「友愛」を意味する言葉であり、彼は、自分の理想を表現するために、その町の名前をフィラデルフィアと名づけたのである。クエーカー教徒として、ペンは、自分の作ったこの共同体を、あらゆる宗教が互いに平和で公平に取り扱われる市民社会として構想していた。

　彼は、フィラデルフィアの町をこの地域の首都と定め、その町を、まっすぐな通りと果樹園や庭を持つ緑豊かな町にするという田園都市計画を立案した。この都市計画案は、部分的にしか実現しなかったが、アメリカの他の町が都市計画を立てる際に、それを鼓吹する役割を果たしたのである。また、この地域の商業や農業振興のための土台形成作業も行ったのである。彼のこの地域での滞在日数は、わずか2年にすぎなかったが、その間に、この地域の政治的並びに経済的基礎を築くとともに、都市計画案も提示したのである。

　先立つ1677年、ペンは、同じ信仰を持つクエーカー教徒たちがニュージャージーの西部に居住するのを援助したことがあった。その経験により、彼は、植民が利益の上がる事業であることを確信していた。

　1681年に、国王チャールズ2世から、4万5000スクエアのペンシルヴェニアの土地を割譲されたペンは、上記の経験からこの土地で植民事業を行うことがよいと考え、この事業を成功させるために、植民者がニュージャージーよりもペンシルヴェニアに植民する気になる動機づけを与えねばならなかった。宗教的自由を与えることは、その動機づけの一つであったが、それに加

うるに、植民者に魅力的な土地を与えることも動機づけとして大切であった。彼は、植民者が農業に従事できる地味豊かな土地を提供したのである。それは、そのおのおのが5000エーカーからなる土地を、共有地として100カ所提供したのである。彼が、この地において提供した土地は、全体で50万エーカー以上であった。

　ペンは、土地の鑑定および測量を行うため、そうした仕事の経験者アイルランド人のクエーカー教徒で、ビジネスマンのトーマス・ホルムを開拓計画の職に任命し、その地の開拓計画を行わせた。ペンより先に、ペンシルヴェニアに入ったホルムは、先住者があまり住んでいないスキルキル川とデラウェア川の間の狭い土地を、政務を行う政府を置く場所として選択した。ホルムが、スウェーデン人から購入できた土地は、わずか200エーカーだった。後からきたペンは、これでは将来における発展性が約束されないと考え、その地をさらに拡大し、1200エーカーからなる土地を購入した。この土地が基盤となって、現在のフィラデルフィア市が形成されることになった。

　現在のフィラデルフィア市は、直線道路が縦横に交差し、小区画の長方形の土地が多数集まって大区画の長方形の土地を形作っているが、このプランは、ペンとホルムの両者によって創出された案である。中央にメインの四角い広場を置き、その四方に4つの四角い広場を持つセンターシティ案は、ホルムが知っていた北アイルランドのロンドンデリーの都市計画案や、ペンが知っていたロンドン大火後の再建築のためのリチャード・ニューコートの都市計画案によく似ている。この都市計画案は、1687年のホルムの地図に示されている。それによれば、この地域は、メインの四角の広場とその四方にそれぞれ4つの四角い広場を持ち、直線道路が縦横に張り巡らされ、多数の小区画の長方形の集合体である大区画の長方形のエリアが政務や商業の地域であり、その外部は、何の区画もない緑豊かな広大な農業地域となっている。ペンとホルムは、都市計画が施されたセンターシティエリアと、そうしたプランを一切考えなかった農業エリアの2つのエリアで、フィラデルフィア地域を形成したのである。ホルムの地図には、ロンドンデリーの都市計画案とニューコートの都市計画案の両方が組み合わされ、さらにペンの希求した緑

第 1 章　開かれた共同体と優しさの行方

豊かな田園がその町の外部を取り囲む構造になっている。したがって、現在のフィラデルフィア地域の原型は、ペンとホルムの両者が話し合って両者の合作として形成されたものであると考えられる（Root, 2003, pp.15-27; Gallery, 2007, pp.8-11）。

ところで、ピルグリム・ファーザーズと呼ばれる英国のピューリタンたちが、信仰の自由を実現できる地を求めて、メイフラワー号に乗船し、英国のプリマス港からボストン近郊のプリマス植民村に到着したのは1620年である。このピューリタンによる植民が、アメリカ合衆国における本格的な植民のさきがけである。1630年、このプリマス植民村が宗教的、政治的、経済的、自衛的独立を達成してから、この地へ大量に移民が押し寄せることになった。この年、11隻の船で1000人のマサチューセッツ植民開拓団が到着後、数万人が続き、ここにニューイングランド植民地が形成されることになったのである。

しかしながら、ピューリタンの植民がその信仰の純粋性を維持するため、排他的で他のプロテスタントやカトリックの入植を歓迎しなかったのに対して、ペンの自由で寛容な思想は、他のプロテスタントやカトリックや他の宗教にも寛容であったために、ペンシルヴェニアには、多様な宗教を持った諸民族が移住することになったのである。また、ピューリタンの開拓団は、入植のための資金を持っていなかったので、ロンドン市民投資家の会社から7年契約の融資契約を結んで入植のための資金を獲得したのに対して、ペンの入植は、ペンの父の残してくれた裕福な財産を基にして借金なしで行われた。ニューイングランドのピューリタンとのもう一つの違いは、ピューリタンたちが自分たちの精神的拠り所である教会の礼拝に集うために、教会から歩ける距離か馬車で行ける距離の範囲に居住しなければならなかったのに対し、ペンシルヴェニアのクエーカーたちは、集会形式の礼拝であったために、教会という特別の建築物を必要とせず、個人の家に小集団が集う形式を取った点にある（Baker、2000、2-5頁；Gallery, 2007b, p.11）。

1700年には、フィラデルフィアの人口は約6000人で、ペンシルヴェニア全体では2万人であった。新しい植民者の大部分は、英国や他のヨーロッパ諸

国のビジネスマンたちから船賃や経費を借りてやってきた年季奉公者であった。ペンの家族によるペンシルヴェニアの宣伝や、植民者がその家族や友人に送った手紙は、時宜に適っており、ペンシルヴェニアへと新しい植民者を誘うことになった。この地は、穀物や肉や材木が豊富で、西インド諸国との活発な交易を行っていた。植民は、内陸へと拡大され、フィラデルフィアは、生産物や動物の毛皮の積み替え港として重要な地点となった。その後、まもなくして、財力と教養のある世界的大商人がフィラデルフィアに現れることになった。彼らの大部分は、クエーカー教徒であった。大英帝国が、たとえば、北米でフランスとインディアンの同盟軍と戦ったフレンチインディアン戦争（1755-1763）のような軍事的冒険ができたのは、こうした豊かな大商人が払った税金があったからである。これらの大商人階級は、大英帝国が軍事行動を行うために彼らに課した税金に立腹し、アメリカ独立戦争のときには、アメリカ大陸の軍隊に資金を融資することになったのである。こうした初期のビジネスマンの中で最も成功した代表的な商人として、ロバート・モリスを挙げることができる。彼が住んでいた邸宅は、初代大統領ジョージ・ワシントンが、大統領であった1790年から1797年にかけて、大統領の住居として使われたことでも有名である。モリスは、アメリカ独立戦争のとき、英国と絶交したくはなかったが、最後にはこれを受け入れ、1781年に、ワシントンが彼の軍隊をヨークタウンに移動するのに必要な資金を提供したのである。

　ウィリアム・ペンの政府が掲げた自由と寛容の原則は、ヨーロッパでは注目されなかったが、その理念により、ペンシルヴェニアは移民に注目され、彼らを誘う魅力的な場所となった。そのあるものは、宗教的自由を望む英国の非国教徒であり、また、経済的な機会を欲する低所得層であった。彼らは、ペンシルヴェニアでは、選挙権を持ち選出された官吏になることさえできる十分な土地を容易に獲得できると聞いたのであった。義務的な軍事奉仕をする必要はなく、また、市民的自由は先住民にも保証されていたのである。

　1680年から1710年の間にペンに従った大部分の植民者は、彼と同じ信仰を持つ英国やウェールズやドイツから移住してきたクエーカー教徒であった。

第 1 章　開かれた共同体と優しさの行方

彼らは、その多人数と富により、1756年までペンシルヴェニアの議会で支配的な勢力を持っていたのである。のちに彼らは、インディアンとの戦いのため軍事力が必要となったため、開拓民の植民者が支持しなくなったとき、その支配的地位を失ったのである（Root, 2003, pp.19-25）。

　ウィリアム・ペンの友愛と非武装平和に基づく政府構想は、超国家主義的思想に支えられていた。「平和をもたらす真の手段は正義であって戦争ではない」と説き、個人がその国の政府の法治に服するように、政府はそれよりも高次の政府の法治に従うべきであるとして、国際連合機構のような組織を欧州に組織することを提案していたのである。ペンの平和国家構想は、国家を超えたこうした国際組織の樹立を前提にするものだったのである。1693年刊行の『欧州平和への展望』の中で述べられているペンのこのアイデアは、現在の国連を先取りした構想だったのである。フィラデルフィア市は、市営ホールを中心にして、その道路の両側に世界の国旗がはためく都市設計となっている。この都市イメージの中に、ペンの理想である、世界の人々が相互に手を取りあって友人となっていく友愛と世界平和の実現の願いが込められているのである（賀川豊彦、1951、第 4 巻第 5 号、「ウィリアム・ペン」、16頁；1952、第 5 巻第 1 号、「世界平和に向かって人々はどう努力したか（1）」、28-29頁参照）。

　日本とアメリカの間に戦争が勃発し、フランクリン・D・ルーズベルト大統領は、1942年 2 月19日、大統領行政命令9066号に署名した。そして、11万5000人の日本人と彼らのアメリカ生まれの子どもたちが、家や財産をただ同然に没収され、トランク 2 個のみで強制移動させられ、アメリカ全土にある収容所に収容させられた。皮肉なことに、この移住は、西海岸地方に多く居住していた日系人たちが東海岸地域に移り住むきっかけとなった。かつて西海岸に住んでいた日系人とその両親は、集団移動を開始したのである。

　ところで、この日系人の収容所での教育や、収容所からの解放には、平和主義者のクエーカー教徒の人たちの尽力が大きかったのである。2008年 9 月に実施したフィラデルフィア日本人キリスト教会の 2 人の長老の聞き取り調査によると、心あるクエーカー教徒の人たちが、日系人の住んでいた家や財

産を預かってくれていたので、家や財産を失わなかった人たちがいた。この感謝の念から、クエーカー教徒になった日系人もいたのである。ウィリアム・ペンの時代から今日に至るまで、クエーカー教徒の人たちは、反戦平和を貫き、戦争等のために困窮している人のための真の友となり、その支援活動をする友愛精神の持ち主なのである。この優しさの精神と多様な価値を許容する開かれた寛容の精神の中に、平和と友愛の使徒クエーカーの霊性の真骨頂がある。

次に、フィラデルフィアのクエーカー教徒のG. A. Barnes氏に対し2010年8月に著者が行ったEメールの添付ファイルでの質問紙調査により得られた情報と、「ユートピアの挑戦」というタイトルのホームページ（http://www.geocities.co.jp/berkeley/3860/Utopia/040.html）に掲載されているフィラデルフィアのクエーカー教徒についての情報に基づき、フィラデルフィアのクエーカー教徒の集会について論じてみよう。

現在、フィラデルフィアのクエーカー教徒数は約1100名である。フィラデルフィア市内のクエーカーの公式の集会所は8カ所ある。そこでは、公式の礼拝が1週間に1回行われる。7カ所では日曜日に、他の1カ所では金曜日に公式の礼拝が行われる。

1カ所の公式グループの会員と2カ所の非公式グループの会員は、水曜日に礼拝を行う。その他に、フィラデルフィア市内には、複数の非公式の集会所での礼拝がある。公式および非公式のこれらの礼拝で使われる言語は英語である。それ以外に、礼拝でスペイン語が使われる集会が2カ所ある。クエーカーの組織には、議事や諸活動等の取り決めを行う礼拝会を兼ねた事務会がある。事務会は、月ごとに行われる月会・四季ごとに行われる季会・1年に1回行われる年会がある。重要事項は、これらの事務会に諮って決定される。フィラデルフィアでは、現在、月会が年8回、季会が年4回、そして年会が年1回開催されている。月会と季会は日曜日に、年会はさまざまな曜日に開催されている。1年に1度の年会はかなり大規模で、アメリカ全土から集まる約1万2000人の会員が一堂に会して行われている。

月会・季会・年会の運営を行うため、財務・教育・出版・国際活動・社会

第1章　開かれた共同体と優しさの行方

活動・平和活動等の委員会組織がある。委員や委員会の仕事は、集会の運営・会員の信仰や生活問題の世話・社会活動等である。それらの委員は、事務会で指名推薦され、事務会に諮って決定される。また、フィラデルフィアでは、諸委員会活動を支える組織として、環境問題等のトピック別のワーキンググループが約70ある。各種委員会活動や事務会は、週日の夕方や土曜日や日曜日の礼拝後に行われている。礼拝および集会の運営活動費は、会員の献金とその利子によって賄われている。会員になるためには、礼拝や月会等の集会に参加し、会員申し込みを行い、役員面接のうえ、事務会に諮って承認されることが必要である。伝道集会等の宣教活動は特に行っていないが、自分たちの礼拝や諸活動について人々に説明するための公式の集会をときどき開催している（G. A. Barnes氏への質問紙調査と前述HP「ユートピアの挑戦」4頁参照）。

　フィラデルフィアのクエーカー教徒たちは、重要事項を決めるとき、充分時間を取り、反対意見が出なくなるまで議論を行う。私は異論を持つが、この決定には反対しないというようになるまで議論を尽くし、多数決のような方法は決して行わない。これが、少数意見を尊重するクエーカー流の民主主義的方法なのである。クエーカーの集会では、各委員会ごとに決めてきたことをリーダーが代表して全体集会で発表し、そこで議論を行って物事を決定する。それぞれの部会のリーダーが優れた資質の持ち主であるから、それが可能となる（嶋田、2008、195-205頁参照）。

　クエーカーの集会では、牧師は存在せず、皆が牧師の役目を務めている。ここでは万人が牧師なのである。聖書の講読も讃美歌もなく、ただ、神の御霊を待望して、人は沈黙して聖霊が語りかけるのを待つのである。彼らの経験によれば、被造物が沈黙するときにのみ、深い静けさの中で神の御霊の働きかけが行われる。クエーカーの集会では、ただ、この御霊の働きかけを待望し、それが得られるまで沈黙して待つのである。筆者の体験では、集会中に40分くらいの沈黙のときがあり、その後に1人の人が発言し、続けて4人が発言を行ってその集会は終了となった。クエーカー教徒たちの間では、議論が尽きるまで話し合いを行うので、その意思決定には多大の時間を要する

が、それでも彼らはこうした方法を貫いてきているのである。

次に、クエーカーの実践活動の事例として、スコット・ベーダー方式という協同組合型の会社を設立したアーネスト・ベーダーと、労働者の福祉という視点に立ち、福祉労働型の会社を設立し、社会改革運動にも従事したジョーゼフ・ラウントリーという2人の実業家について述べてみよう。

最初に、アーネスト・ベーダーについて取り上げてみよう。クエーカー教徒のベーダーは、1920年、30歳のとき、ロンドンとオックスフォードの中間の農村ワラストンにある元荘園の18ヘクタールを入手し、ポリエステル樹脂加工会社を100パーセント個人株主の私企業として設立した。第二次大戦後、会社は公園のベンチやボートなどの中堅メーカーに成長したが、ベーダーは誠実なクエーカー教徒として平和運動に熱心に関わった。また彼は、1951年、この成功企業をパートナーである従業員との共同所有企業体に変換することを決心し、その方法として、会社の株を共同所有する別組織、「スコット・ベーダー・コモンウェルス」を設立し、それに個人の株式を委譲した。そして企業の経営管理を従業員労働者に委譲した。

コモンウェルスは、狭義では、スコット・ベーダー社を所有し経営する会社である。しかし、広義では、コモンウェルスは理想を実現しようとしている共同体で、従来の会社に存在する所有者、経営者、労働者という分離のない、相互信頼と協同による労働共同体というビジョンを持った概念である。これは、ロバート・オーエンやロッチデールの労働者たちが目指したものを実現しようとするための概念なのである（石見、2002、127-128頁）。

このアーネスト・ベーダーの思想について、E・F・シュマッハーは、以下のように説明している。

若いとき、ベーダーは従業員としての一生の見通しに深く不満足だった。「労働市場」や「賃金制度」という考え方に憤りをおぼえ、特に人間が資本を使う代わりに資本が人間を使うという考え方に腹を立ててきた。今、自分が雇い主の地位に立っても、彼は自分の成功と繁栄が、自分だけではなく、協力者全員の成果であることを忘れなかった。彼自身の言葉を引用すると、

第1章　開かれた共同体と優しさの行方

「私が一大決心をして、雇われる身分をやめた1年前、私は人々を管理される人と経営する人に分ける資本主義的な哲学に反対していることに気づいた。しかし、真の障害は、株主の独裁的権力と株主が支配している経営階級組織についての条項を持つ会社法である」。

ベーダーは、次の2つのことがなければ、決定的な変化が起こらないとただちに悟った。

第1は所有権の変化であり、第2はある種の自己否定的な布告の自発的な受け入れである。第1のことを達成するために、スコット・ベーダー・コモンウェルスを設立し、同社に彼の会社、スコット・ベーダー・カンパニー・リミテッドの所有権を移した。第2にこのことを実施するために、彼は新パートナー、つまりかつて従業員だったコモンウェルス社の社員と、私有権に含まれる「権力群」の配分を規定するだけでなく、会社の行動の自由を次のように規制する6つの「社内規約」を作ることに同意した。

第1に、会社は社員の誰もが自分の心や想像の中に抱くことができるような規模の限られた企業でなければならない。その規模は、350人程度でなければならない。もし、環境がこの限度を越えた成長を求めるようであれば、スコット・ベーダー・コモンウェルスの方針に沿った新しい完全に独立した組織体を作ることを助ける。

第2に、組織内の仕事の報酬は、年齢、性別、役職、経験などにかかわらず、最低のものと最高のものの差が税引き前で1対7の範囲を越えない。

第3に、コモンウェルスの社員は従業員ではなく、パートナーであるため、大きな個人的不行跡以外は、どんな理由でも共同パートナーによって免職されることはあり得ない。もちろん、どんなときでも、しかるべく通告をして、自発的にやめることはできる。

第4に、スコット・ベーダー・カンパニー・リミテッドの取締役会はコモンウェルスに対して十分な責任を負う。社内規約で定められた規則に従って、コモンウェルスは取締役の任命の追認、撤回、報酬の水準に関する同意の権利・義務を持つ。

第5に、スコット・ベーダー・カンパニー・リミテッドの純益の40パーセ

ントまではコモンウェルスに所有され——最小限60パーセントは税金、自己資金のため留保される——コモンウェルスは所有した利益の半分を社内で働く人々のボーナス支払いに、残りの半分はスコット・ベーダーの組織外の慈善的目的に当てられる。

第6に、スコット・ベーダー・カンパニー・リミテッドの製品は戦争に関連した目的のために使うことで知られている顧客には売らない（シュマッハー、1976、208-209頁）。

以上のように、スコット・ベーダー方式協同組合企業では、企業の資本は共同所有であって、その労働者の出資金による資本造成はなく、剰余金の内部留保による積み立てだけである。剰余金のうち組織外の慈善目的に充てる資金の配分は、外部の学識経験者に委任した。シュマッハーはその一員であった（石見、2002、130頁）。

アーネスト・ベーダーの設立したこの協同組合企業の規約には、「戦争を目的とした顧客には製品を売らない」という条項があるが、この条項の中に、キリスト教平和主義を信条とするクエーカーの思想がよく表れている。

次に、ジョーゼフ・ラウントリー（1836-1925）について見てみることにしよう。

ジョーゼフ・ラウントリーは、イギリスのラウントリー社の創立者である。ラウントリー社は、ココアやチョコレート等の菓子製造会社である。彼の名前は、彼の経済事業のほかに、禁酒運動、住宅村建設、3トラスト（公益信託）の設立で知られている。貧困問題等の社会問題の解決を目指して社会改良事業に積極的に関わった人なのである。

彼の社会問題への関心は、児童期に父にアイルランドへ連れていかれ、そこで、飢饉のため餓死していく人々の状況を目撃したときに芽ばえた。この体験が、終生、彼を貧困等の社会問題に目を向けさせ、その原因とその解決のために尽力させたのである。彼の家系は代々敬虔なクエーカー教徒であり、彼はその薫陶を受けて育った。彼は、質素・勤勉で、よく働き、教育熱心で、人目につかないように控えめに行動することを尊び、平和を愛し、社会正義

を重んじ、社会改良に熱心な人であった。この特性は、クエーカーの思想とその教育の賜物なのである。

　彼は、宗派の活動では、教育担当であった。この教育には、教会学校のような聖書についての講話をすることに加えて、もっと広く成人への教育担当も含まれていた。読み書き、図書館の使い方、貸与農業、貯蓄基金等を担当したのである。この教育事業は、クエーカー以外の人たちにも開放されていた。彼は、クエーカーの学校運営の仕事も引き受けたが、それ以外の公立の学校運営にも積極的に関わった人であった。

　ラウントリーは、彼の経済事業においても、パートナーである従業員の福祉を大切にする人であった。ラウントリー社の従業員とその家族も含めた年金保障制度の設立、図書館や運動場の建設、コンサートや懇親の夕べやクラブ等をいち早く取り入れたのである。また、会社内に医科および歯科の施設を設置し、従業員が無料で診療を受けることができるようにした。

　彼の工場が2000人規模になり、以前のような意思疎通が取りにくくなると、この集団のコミュニケーションを保つ手段として、「ココア工場マガジン」を発行した。そこには、そのときどきの工場のニュースが書かれていた。クラブや同好会の活動の定期報告、職員の死亡、結婚、昇進などの記事も掲載されていた。その他、書評、旅行日記、スコットの南極探検についての記事、郷土史などもあった。写真、詩、そして時には、シャーロック・ホームズやその他の有名な小説の登場人物についての機知に富んだパロディーがあった。読者である従業員が退屈しないような工夫が施されていたのである。

　また、会社に対する提案制度を設け、ココア工場マガジンにそれを掲載した。それは、以下についての提案募集であった。これらへの提案には、賞が提供された。

（1）商品の製造ないし梱包方法の改善、および商品の品質の改善に対して
（2）製造ないし会社の行うあらゆる仕事の遂行における、より速いあるいはより経済的な方法に対して
（3）機械その他の改善に対して
（4）仕事が行われる条件の改善に対して

(5) 会社と従業員の福利に関わるその他のこと

　ラウントリーは、従業員と経営者による共同経営方式（パートナーシップ制）を会社に導入するため、経営者と従業員が話し合う場である「工場評議会」を設置した。また、彼は、会社に上訴委員会を設置した。懲戒措置を受けた従業員がその措置に異議のある場合、この委員会に訴えることができるようにするためであった。これは正義を貫くためである。平和とともに正義を重んじるクエーカー教徒の彼にとって、誠に相応しい制度の提案であると言えよう。上訴委員会は5名で構成され、2人は労働者から選出され、2人は役員から指名され、委員長は他の4人によって共同に任命された人でなければならなかった。工場規則の違反、もしくは仕事の遂行と関係のない行動に対して取られた何らかの懲戒措置が不正義であると感じた従業員は、誰でもこの委員会に訴えることができたのである。

　最後に、ラウントリーの社会事業について見てみよう。

　まず、禁酒問題について見てみよう。貧乏人の大酒による酩酊は、彼らの労働の効率を破壊した。これは産業にとって深刻な問題だった。この背景にある問題をラウントリーは調査した。その一つは彼らの住宅問題であった。彼らの家は、一部屋で、全家族のみならず、台所、洗濯所、居間、寝室、育児室、また仕事部屋にも使わなければならない場所であり、とても友人を招いて夕べを過ごすことができる場所ではなかった。

　彼らは、この狭い空間から抜けだし、パブで友人たちと憩いたいのであった。もう一つは、彼らの仕事場は、絶え間なき騒音、有害な熱、ほこりだらけの空気という劣悪な条件下にあった。また、機械処理による作業のため、神経的な緊張と極度の単調さがあった。これらからの息抜きの場として、パブは彼らにとって魅力だったのである。ラウントリーは、パブに代わる憩いの場として、美術館、コンサート・ホール、ウィンター・ガーデンなどを組み合わせた場所である「人民宮殿」を提案した。

　上述したように、貧民がパブに行き酩酊する原因の一つとなったのは、彼らの家があまりに狭く、友人を招いて夕べを共にする憩いの場にならないことだった。これに対する対策として、貧民のために低価格で良質な住宅を提

供することを目的にした住宅村建設運動を彼は推進した。この村は、現在では、ニュー・イヤーズウィックと呼ばれている。その発展過程で、この村は、低所得者ばかりでなく、中所得者や高所得者までを含む多様な層のニーズに対応した住宅村になったのである。

ラウントリーは、社会問題の原因を追究する基礎研究や住宅村建設等の社会改良事業のために資金を提供する目的で、以下の3つのトラスト（公益信託）を設立した。これらのトラストは、単なる慈善事業の枠を越える面を持っていた。

1つ目は、ジョーゼフ・ラウントリー・ヴィレッジ・トラストである。1904年、ニュー・イヤーズウィック村住宅建設のため創立されたチャリティ組織である。1959年、組織の目的が調査と開発を含むものへと拡張された。1968年には、名称がジョーゼフ・ラウントリー・ハウジング・トラストとなり、1990年には、再度名称変更し、ジョーゼフ・ラウントリー財団となった。これはチャリティ組織である、社会事業団体である。2つ目は、ジョーゼフ・ラウントリー・チャリタブル・トラストである。1904年に創設されたチャリティ組織で、社会調査、成人教育、クエーカー事業の助成を目的として発足したトラストである。このトラストは、平和活動・人種的な公平・民主主義の推進・アイルランド問題・南アフリカ問題・貧困と経済的正義・企業の責任・クエーカー関係事項の領域に助成を行っている。毎年、この目的のために、約400万ポンドの資金を助成している。3つ目は、ジョーゼフ・ラウントリー・ソーシャル・サービス・トラストである。前の2つのトラストと同じく、1904年に創立されたトラストである。このトラストは、民主主義体制下での社会改良を目的としている。具体的には、たとえば、当時あった貴族院の廃止などの政治的な目的を持った活動を志向している。その意味で、このトラストはチャリティ組織ではないのである。1990年名称変更し、ジョーゼフ・ラウントリー・リフォーム・トラストになった（ヴァーノン、2006、3-28頁、102-199頁、209-224頁参照）。

次に、賀川豊彦の世界協同組合的平和主義論について論じてみよう。

4.2　賀川豊彦の世界協同組合的平和主義論

　賀川豊彦（1888-1960）は、経済行為の発展の歴史を、生理経済の時代・心理経済の時代・意識経済の時代の３段階に区分している。生理経済の時代は、衣食住の最低限のものが満たされる原始的な時代であり、感覚的心理経済の時代になると、目・耳・鼻・口等の感覚官能に関心が向かうようになる。さらに、意識経済の時代に入ると、善や美や道徳、宗教等の意識に関心が広がってくる（賀川、1982b、「新協同組合要論」、487-488頁、499頁参照）。

　賀川は、この３段階の発展段階を説明するための基準になるものとして、７つの価値水準を挙げている。彼は、このことについて、次のように述べている。

　　「即ち生理的経済に於いては、生命保存の価値行動が、その基調をなして居る。

　　　生命保存の欲望のために、衣食住の問題が現はれ、衛生設備が必要となり、戦争の危険を防ぐに各種の防備が企てられる。

　　　こうした生命保全の価値行動から、筋肉労働の価値決定が為される。この生命価値と労働価値は、主として生理的のエネルギーを基礎にして考えて差しつかえない。で、経済をこの二つの領域にのみ考えるならば、稍自然主義的に考える事もできる。勿論この二つの価値活動に於ても、心理的意識活動大なる力を持てることを忘れてはならない。例へば、強制労働が、自由労働に比べて、その能率に於て三倍以上も違ふと云ふ事は誰しも認めている。然し私はその事をくわしくこヽでは論議しない。

　　　感覚的本能経済に到って、初期の自足経済から稍進んだ交換経済に進み、人間技能の優劣は、自然界に於ける各種の変異差と相結んで、交換をやむなくせしむる。で、経済と云ふことは、殆んど交換を基礎にしてのみ考えられる様になって来た。

　　　その上自然界には、成長の法則がある。一粒の麦が、収穫期に於ては、百五十粒に成長し、一番の鶏が一年間に百数十個の卵を生む。牛も馬も、

第 1 章　開かれた共同体と優しさの行方

羊も、山羊も、そして人間の人口迄も増加して行く。これは人間の勤労に依て更に倍加せられ、人間の互助組織に依って、質と量に於ける生産の増大が、拡げられて行く。

　それに加えて、機械力の使用は、一八世紀迄は殆んど想像出来なかった人間活動の能率を増大し、生産額を幾百倍、又幾千倍増す事になった。

　変化の容易なる事と、成長の容易なる事が、資本主義文化の特色であった。然し、唯単に変化し成長しても、これを人間の個性から見た場合に、必ずしもその変化と成長が愉快でない場合がある。一人の芸術家は、交換市場に於ては、何等の価値もなく、又機械的生産の世界に於て、何の役にも立たない。彼に絵を描かせれば、人並み以上に優れてゐる。そこで第五の価値水準が現はれて来る。即ち、意識経済に於ける選択経済の出現である。こゝに於ては、技術選択、職業選択が能率経済を成立せしむるに至った。生理的差等、感覚的差等、教育の差等、心理的差等が技術、職業、能率の上に著しき差等を出現し、近代都市に於ける職業経済をして一層複雑なるものにならしめた。

　近代都市経済に於ける失業問題が、唯物論的社会主義に依てなかなか解決し得ないのは、近代文明に於ける、職業経済と云ふものが、唯物的に決定せられないで、心理的に決定せられてゐるからである。即ちこの心理的意識経済に、発達して来れば、古き時代の物品経済学は、何等役に立たない。況んや、この心理的職業経済を基礎にして発達した心理社会、法的社会経済（Legislative Social Economy）は初期の物的経済学に於ては全く予期し得ないものである。今日の商法、手形法、銀行法、組合法、労働法、其他各種の社会的、経済的法律は、法律より生ずる利権を伴ひ、利権は社会意識を基礎にして発達し、こゝに、抽象的な利権経済が生れ出づる事になる。然し意識経済を取扱ふ者にとっては、この法的社会経済程大切なものはない。こゝに於て政治と経済が相結び、権力と価値行動とが複雑なる交渉を保つ様になる。

　然し、法的社会経済は、人生目的を明確に意識する価値生活とは、平面が異なってゐる。

目的価値の変化は文化の様式を変えて行く。或る時には、芸術が重んぜられる時があり、或時には智的に走る時代があり、又或る時には意志訓練を重ずる倫理的時代がある。人間の注意と判断が、普遍的に焦点を持ち得ない為に、文化に流行性が現はれて来る。これは宗教の発達に於ても同じ事が云へる。全人的に目覚める時には、その時代は非常に宗教的であり、然らざる場合に於ては、宗教的でなくなる。したがってその時代時代に於て、文化経済の型が異ってくる。」（賀川、1982b、「キリスト教兄弟愛と経済改造」、175-176頁）

以上から明らかなように、賀川は、社会の段階的発展を説明するための枠組みとして、生命価値、労力価値、変化価値、成長価値、選択価値、法的価値、目的価値の7つの価値水準を挙げ、独創的な3段階の社会発展論を展開しているのである。

賀川は、目的論的思考に立脚し、生命の方向には確固たる目的があると考え、生命が目的を志向することをはっきりと示すために、上述の7つの価値水準を提起しているのである。

賀川の目的論的思考は、以下の彼の文面によく示されている。

「生命の方向には、確乎たる目的性があるのである。盲目滅法な浮動迷動をしているのではないことが明らかにされつつある。生命には一定の段階があってその法則に添うて進展していくのである。

即ち生命は、社会的合目的をもっているのである。精神は、物が変化したのではないといふことである。精神はどこまでも精神で物とは別個である。心理性を無視して、経済完成はあり得ない。」（賀川、1982b、「新協同組合要論」、490頁）

賀川は、生産・消費・信用・販売・共済・利用・保険の7つの組合をあげ、この7つの組合によって、協同組合は完成されると考えている。この協同組合を完成するとともにこの中の、保険による社会保障法が法律によって確立

され、相愛扶助の社会を建設することが、個人をも社会をも幸福にする道であると、賀川は確信しているのである。このことについて、彼は、次のように述べている。

「協同組合は、生産、消費、信用、販売、共済、利用、保険の七組合によって完成されるのである。この協同組合を完成すると共にこの中の、保険による社会保障法が法律によって確立され、相愛扶助の愛の社会を建設せねば個人をも社会をも幸福にすることは出来ない。
　人格的組織――即ち愛の組織、これは基督による贖罪愛、人の欠点をも許し、神を愛し隣人を愛する、キリストの如く全人類のために十字架上に自身を屠つた愛の模範を我々が実践する日に真の社会は建設されるのである。」(同前書、493頁)

賀川は、先の目的論的思考から導き出した生命の7つの価値水準は、協同組合にも適用されるものであり、その対応関係は、次のようになっていると主張している。

すなわち、保険組合が生命価値に、生産組合が労力価値と変化価値に、販売組合が成長価値に、共済組合が選択価値に、利用組合が法的価値に、消費組合が目的価値に対応しているのである(同前書、490頁)。

賀川は、1844年12月21日にイギリスのロッチデール市の織物職工たちにより設立されたロッチデール組合の3原則に、運営上の4原則を加えて、彼の協同組合の7原則を定めている。それは、(1)利益払い戻しの原則、(2)持ち分制限の原則、(3)出資額によらず1人1票の投票権の原則、というロッチデールの原則に加え、(4)市価主義、(5)市場主義、(6)現金主義、(7)経理公開主義という運営上の4原則から構成されている。

(1)の利益払い戻しの原則とは、協同組合がその儲けた利益を組合員の購買高に応じて、組合員に按分比例で払い戻す制度である。賀川は、協同組合における利益払い戻しには、3種類があると考えている。それは、①個人に払い戻すもの、②団体に払い戻すもの、③一般社会に払い戻すものである。①

は、組合員の購買高に応じて、組合員に按分比例で払い戻すやり方と、1869年にドイツの農村信用組合の創始者ライファイゼンが行ったやり方、すなわち、農村信用組合を組織し、その組織が得た利益を村の最も貧しい者に生業資金として無利子で貸し与えるやり方がある。②は、協同組合の維持運営等のために使うやり方であり、③は、学校建設の教育事業等に使って、利益を一般社会に還元するやり方である。(1)〜(3)の原則により、独占権や富の集中の打破と富の搾取の克服が可能となったのである。(4)の市価主義とは、小売商人と初めから激越な競争をしないために、あまり市価より安く売らないようにすることである。組合では、市価よりいくぶん安い値段で物を売るのである。組合員さえよければ、他の小売商人などはどうなってもよいという考え方は、協同組合の精神ではないのである。利益払い戻しを受けるので小売商人より安いに決まっているが無血革命を漸進的に進めるために穏当な手段を取るのである。(5)の市場主義とは、配給機構をできるだけ簡単にして運営を行うことである。そのためには、たとえば、デパートを作り、そこへ行って組合員が自分で買っていく方法が考えられる。(6)の現金主義とは、仕入れの資金と、手持ち商品と、店で出し入れする現金と三重の金が組合を運営するためには必要であるが、現金があれば、資金が早くまわって充分な活動ができるからである。最後の(7)の経理公開主義は、協同組合の経営が透明性を必要とするからである。一組合員の要求によっては、いつでも経理の公開をしなければならないからである。経理の公開をすれば、資本主義的搾取の起こる余裕が生じないからである。搾取はいつも秘密から発生するのである（同前書、506-510頁参照）。

　以上のような理由に基づき、賀川は、協同組合の7原則を提起しているのである。

　ところで、賀川は、資本主義は、人間を前述の経済3段階のうちの最も本能的な時代に釘づけさせ、人間を人間として扱わず、人間を貨幣に換算してしまうと考えている。このことについて、彼は、次のように述べている。

　「しかし、資本主義の経済学は、これらの三段階に於て人間を最も本能

第1章　開かれた共同体と優しさの行方

的な時代に釘づけにせんとするものである。即ち人間を人間として取り扱って居るものでなく、凡ての価値を貨幣と称する唯一の根で解かんとするものである。

　資本主義の一次方程式は、凡てのものを平面にたたきつけて、芸術も、宗教も、道徳も、生命をも、貨幣によって換算しようとするものである。」
（同前書、500頁）

　賀川は、まず、自己の論を展開するに当たり、ギルド社会主義者の主張を紹介することから始めている。彼は、それを「国家組合」と「生産者議会の特徴」に分けて論じている。「国家組合」では、ギルド社会主義者の主張を、次のようにまとめている。

「そして、この種の産業自治の主張と、生産者議会の要求はナショナル・ギルド即ち『国家組合』を主張する人々——或人は之をギルド・ソシアリズムと云ふて居るが、ホブソン、コール、メラー、オレーヂ、ラッセル、ペンチー等が今の所ではその主張者である。ホブソンは、マルクス的国家では、矢張り賃金制度が残る為めに、国家は矢張り一種の大資本家と変わるのみで有って、それで資本主義が無くなったわけではなく、国家の圧政は永遠に連続すると云ふのである。それでコールはこの賃金制度を破壊して、社会連帯を以って産業自治を実行するのみならず、今日の議会下院をして消費者を代表せしめ、生産者は新しく生産者議会を作れと云ふのである。之を哲学的に肯定するのが、新実在論の驍将ベルトラント・ラッセルである。」（賀川、1982a、「労働者崇拝論」、9頁；1982a、「社会病理」、196頁）

「生産者議会の特徴」では、ギルド社会主義に基づく議会の特色を、以下のように整理して論じている。

「即ち彼等はマルクスよりは資本公有、生産機関の社会化の根本分子を

奪い来り、サンヂカリズムよりは、労働階級の支配を採用し更に、この上に、賃金制度の破壊とギルドによる生産機関及び分配の支配権と之を総合したる生産議会を要求し、今日の如く権力的階級別による議会の組織を変更し、経済別による新しき議会組織を要求して居るのである。そして彼等は消費者側に圧制にならざる為めに消費者の議会を許容し、更にその上に今日の政府をそのままに残して人類の為めに生産者及消費者両者の幸福を思ふて政治を取らしめると云ふのである。」(賀川、1982a、「労働者崇拝論」、15-16頁)

　資本主義の問題点を克服するために、賀川は、ギルド社会主義に立脚して、「協同組合国家論」を提唱している。次に、それについて見てみよう。
　賀川の提唱する「協同組合国家」では、議会は、「産業議会」と「社会議会」の二院制を取っている。産業議会は、「協同組合議会」と「労働組合議会」から構成されている。「協同組合議会」は、7つの組合系統が集合したものになっている。すなわち、消費組合系統・利用組合系統・共済組合系統・信用組合系統・運輸および販売組合系統・生産組合系統・衛生保険組合系統である。「労働組合議会」は、各種労働組合系統で構成されている。「産業議会」の根幹をなすのは、「協同組合議会」であるが、「協同組合議会」の決議だけでは、生産やその他の労働に従事している人々に、時によると不利益な条件が出てくることがあるので、「労働組合議会」を別に設けて労働者の権利を認めることが必要となってくる。別言するならば、協同組合が営利を離れた統制経済の系統機関として組織される場合、消費者本位の傾向となり、時によると、労働者階級の労働条件、労働時間および労働賃金等に対して考慮を払わないということが出てくるので、それを防止するために、「労働組合議会」が不可欠に要請されることになるのである。「産業議会」の議員は、系統的選挙法により選出される。すなわち、「産業議会」の議員は、協同組合および労働組合の各種系統機関から選挙により選出されるのである。
　しかし、産業組合だけでは、宗教や思想・道徳・芸術・風俗・習慣・外交・結婚・軍事・警察・国家事業・国家予算について審議できないので、これを

第 1 章　開かれた共同体と優しさの行方

審議するため、「社会議会」を「産業議会」とは別に設ける必要がある。「社会議会」は、立法問題・司法問題・行政問題を審議する機関である。「社会議会」の議員は、協同組合および労働組合の各種系統機関より、選挙により選出された者と、「産業議会」から推薦された有識者から構成されている。

　取り上げられる議案は、「産業議会」で審議され議決されたものが、「社会議会」に送られて審議される場合と、「社会議会」で審議され議決されたものが、「産業議会」に送られて審議される場合とがある。それは、産業問題をただ産業問題としてのみ考えないで、宗教的、道徳的、その他対外的関係の側面からも考え直す必要があるからである。それは、産業組織が極端に利己主義的な営利主義に陥る場合があるし、国内的には優れた決議であっても、対外的な立場で見ると一国本意主義である場合もあるからである。それを調節するために、社会議会が必要なのである。「産業議会」における最大の問題は、資本主義により発達した膨大な生産組織を、どのようにして「組合管理」に移すかということにある。一つには、系統組合が団結して一つの連盟組織を作り、国家は、信用組合系統に国家が発行する兌換紙幣を無利子で融通し、主要産業を片端から買収していく方法がある。それができない場合には、個人の所有権だけを認めて、その管理権を組合が譲り受け、長期の年賦方法をとって、それを徐々に買収する方法もある。

　国営的組合管理が組合国家の中心となった場合でも、発明、発見を通じての社会進歩を増進させる意味において、個人企業の存在の余地を残しておく必要がある。その企業が、富の集積をあまりにも著しく増大させた場合には、社会経済に害あるものとして、産業議会がこれを組合化することを決議し、これを組合管理に移す手続きをとればよいのである。

　「産業議会」および「社会議会」は、特別の候補者を挙げて内閣組織者の名簿を作り、主権者に向かって、責任内閣を作り得るような方法を採らねばならない。内閣は、地方議会と連絡を取り、地方議会の選出した執行委員と相提携して産業民主主義を貫くようにしなければならない。この他に、国家の機関として、裁判所を別に設けることが必要となる（賀川、1982b、「キリスト教兄弟愛と経済改造」、210-219頁）。

この「協同組合国家」の構想により、賀川は、労働における剰余価値の非搾取を実現し、少数者への資本の集中と集積を防止し、計画に基づく生産により、需要を超過する過剰生産を未然に防ぎ、不景気や恐慌が起こらないようにする仕組みを作り、大量の失業者が生み出されないようにする社会システムの構築を目指したのである。この社会システムは、労働者で代表される人間の「人格の自由と尊厳」および「個人の自立」を守り抜くことを目的にしているのである。その実現のためには、労働組合の自由な活動や普通選挙権、議会主義、民主主義が不可欠の要件となるのである。この要件を具備することにより、自由でダイナミックな社会が可能となるからである。賀川は、家父長的権力者が上から施しを与える「臣民」状態を克服し、「自立した市民」を基盤とした「市民の政府」を目指していたのである。賀川は、「相互扶助」と「自助」の精神に基づいて作られた民間の「協同組合」や「労働組合」の代表者から成る生産議会と消費議会の両者の協力によって、「市民の政府」の実現を目指していたのである。
　最後に、賀川のグローバルな社会科学的構想について見てみよう。賀川のグローバルな社会科学的構想は、彼の「世界国家論」に典型的に表されている。そこで、ここでは、彼の「世界国家論」について論じることにする。
　では、以下、彼の世界国家論について見てみよう。
　彼は、まずクロポトキンの『相互扶助論』やヘンリー・ドラモンドの『母性の進化』等を引用しながら、生存競争だけが唯一の生命進化の軌道ではなく、相互扶助もまた生命進化の軌道にあるとし、生存競争と相互扶助の両者は生命の大道に併存しているのであり、愛の力こそは、生存競争よりも根強いものであることを強調している。彼は、次のように述べている。

　「ウエルズは生存競争というものは、それほど甚だしいものではないといっているが、実際、進化の歴史から見るとダーヴヰンのいう優勝劣敗の原則は必ずしもあてはまらないで、母性の進化をもち、性の醇化したものがかえって進化の速やかなる事実を、私たちはヘンリー・ドラモンドの『母性の進化』から学ぶのである。

また動物の中でも駒鳥の如き、みそさゞいの如き、或は蟻、猿、かに、馬の如き比較的闘争力に乏しい動物が、相互扶助の風習をもっているために生存をつづけているという事実を、私たちはクロポトキンの『相互扶助論』によって教えられる。その他、ファーブルやホイラーの書物を通して、私たちは小さい昆虫が、社会性をもっているために意外に強い存在となっている事実を、興味深く学ぶのである。つまり、社会性の進化した『友愛』をもつもの——言い換えれば、社会愛を把持したものが生存競争場裡に立っても、最も強者であるということを知るのである。」（賀川豊彦、1982a、「世界国家」、319頁）

　このように、賀川は、相互扶助や愛こそが生物や生命の進化を根本において支えているものだと確信している。そうした認識に立って、世界国家の建設においても、この博愛精神を基盤に据えなければならないと主張している。そして、博愛精神を具体化するものとして、世界国家においては、協同組合経済の原則を取り入れることを提案している。すなわち、利益払い戻し・持ち分の制限・一国一票というロッチデール協同組合によって作られた3原則を世界国家の原則とすることを提唱している。また、経済民主主義・社会民主主義・政治民主主義を基礎とすることも強調している。そのことについて、彼は、次のように述べている。

　「世界国家の建設は、徹底的に博愛精神を基調とする必要がある。仮にも団体利己心や、階級的暴力組織を肯定し、思想の上に武力を持っていったり、真理の上に暴力の組織を加算するようなことがあっては、絶対に世界国家は成立しない。
　世界国家に於ては、国内組織が、あくまでも協同組合経済を根本にし、経済民主と社会民主と政治民主の三者を基礎とし、それが国外に於ても、貿易に、外交に、国際裁判に、国際条約に反映し、利益払戻し、持分の制限、一国一票の自主制が認められなければならない。」（同前書、296頁）

国際連合には、大国の拒否権がある。また、第二次大戦の戦勝国であるアメリカ、イギリス、ロシア、フランス、中国の5カ国が安全保障のため警察隊をその手中におさめているなどの不公平があり、真の世界平和のためには、国際連合は限界を持っているといえる。このため、国際連合よりさらに徹底した組織として、世界国家を創設しようという運動が生まれてきた。この運動は、シカゴの近くのノースウエスタン大学の7名の学生によって始められたが、その後、その運動が各国で盛んに議論されるようになってきたのである。このように、賀川は、最初に世界国家運動の出てきた背景説明を行っている（同前書、344頁）。次に、そこで、話し合われた世界国家の運営案について、以下のように述べている。

「運営についてもいろいろな意見が出ているが、人民の間から人口百万について一人宛の人民代表を選挙して世界連邦議会を組織し、さらに六十五の国家から出した代表者達をもって上院を組織する。そして世界九地区で八十一名の常任委員を選出し各界の名士を十八名これに加えて九十九名の人々によって世界国家が運営されるというのが大体の構想である。
　現在の独立国家は、その独立をつゞけはするが、憲法を修正しその主権の一部を制限し、世界国家の有する警察によって、世界の安寧秩序を維持するようにする。今年の九月にルクセンブルクで準備委員会を開いていろいろ準備をとゝのえ、一九五〇年に人民代表会議を開催して、仮憲法を決定する。その後、各国に働きかけ、独立国六十五中過半数の三十三ケ国が賛成すれば、一九五五年に世界国家の創設を実現しようという案をすゝめている。」（同前書、344-345頁）

　賀川は、この運動に呼応して、「世界連邦政府」の必要性を強調している。その本質は、経済的に互助友愛を基調とする協同組合組織を政治的に拡張したものであると説いている。彼は、以下のように述べている。

第1章　開かれた共同体と優しさの行方

「世界連邦組織はその目的に添うた究極の目標である。その本質は経済的に互助友愛を基調とする協同組合組織を政治的に拡張しただけのことである。それは武力を根本とする今日の国家主権の一部を削って、人類連帯意識を根底とする互助組織を世界に押し弘めんとするものである。家庭、種族、民族間に、戦争が忌避される今日、思想の相違や主義主張の差の故をもって、戦争することは馬鹿気たことである。協同組合が、資本主義的搾取から人類社会を解放し得るとすれば、『世界連邦政府』の社会意識的発見も戦争を無用にする発明であるといわねばならぬ。」（同前書、366頁）

　この世界連邦政府構想が実現すれば、戦争の主要な5原因が除去され、戦争は防止されると、賀川は考えている。5原因のことごとくが、経済問題に端を発しているのである。彼は、戦争の5原因について、次のように述べている。

「今日、戦争の主なる原因となるものが五つある。その第一は人口過剰問題、第二は船艦建造や食料等の諸原料の需要問題、第三は負債や貸付、クレヂット等を含む国際金融問題であり、第四は貿易政策の撞着、即ち関税の協定問題等であり、第五は運輸関係問題である。これら五つの重要な原因は、その悉くが経済問題に発している。」（同前書、371頁）

　世界を滅亡させることができる核兵器を手にしている今日、人類が世界国家を建設することは急務であるが、その実現のための策として、賀川は、ヨーロッパの世界連邦主義者の意見を紹介している。それは、現今の国連を進化させて世界国家に移行させるという案である。この案について、彼は、次のように述べている。

「ヨーロッパの世界連邦主義者は、この世界国家について現今の国連を進化させるとよいという案を持っている。そして次の四点を世界国家組

織の基礎条件として採択した。
一、国連総会を世界国家会議とする。
二、国連安全保障理事会を世界国家の内閣とする。
三、ヘーグの国際裁判所は今日国際紛争に対して勧告しかなし得ないが、これを恒久的かつ絶対的な世界法廷とする。
四、国連軍を世界国家の下にある新しい恒久的警察組織として再編する。この警察軍は世界裁判所の判決が執行されるようにする。現今の国連軍は各国家所管の軍隊であるのに反して、世界国家警察軍は各国において警察軍に自主的に応募する人員をもって構成されるようにする。
これらの四ケ条の提案は、ヨーロッパの十四ケ国の代表によって成るヨーロッパ連邦議会で採択されたのである。」(同前書、446-447頁)

ここで提案されている世界警察軍の構想に対して、賀川は、一方で賛意を表明しつつも、他方でこの世界警察軍がいかなる侵略または征服戦争にも使用されてはならないという意見を述べている。

国連から移行する世界国家の議会は、どのように構成されるのだろうか。一院制にするのか。それとも、二院制にするのか。各国からの代議員数は大勢にするのか。それとも少数にするのか。

彼は、代議員数については、適当な代議員数にするには、500万に1人の代表にすることを提案している。世界議会を二院制にする場合には、国連議会に当たる国家単位の代表を上院に集め、世界一般大衆からそれぞれ異なる民族人種の代表を下院に集めることを提唱している。それによって、グループの不満を阻止し、また際限ない討論を上院でまとめることができると述べている。下院もしくは人民総会の議長は、国連総会が今日実施している如く異なる民族から選出する。そして、一つの民族から他の人種へと力の均衡を図るために持ち回りにするのが良いと述べている。世界国家における内閣が行政の実行部門となる。国連の安全保障理事会をこれに充当するという意見があるが、賀川は、下院議員が、異なる民族人種を代表する一般人民からの選出者である以上、この中からも内閣に参与するのが望ましいと述べている。

第 1 章　開かれた共同体と優しさの行方

また、この他に、世界の経済について、共存共栄の立場で話し合う「協同組合的世界経済同盟」の構想を提起している。
　その3原則は、以下のとおりである。

一、共同互恵の精神
二、権利及び機会の均等
三、搾取主義の排除（利益払い戻し）

この世界会議には、以下のような3種類の会議がある。

一、品目別国際経済会議
二、地帯的経済会議
　（a）一国対一国会議
　（b）一国対数カ国会議
　（c）数カ国会議
　（d）局地会議
　（e）地帯会議
三、世界総合経済会議

このうち、地帯会議は、太平洋地帯・汎米（南北アメリカを含む）地帯・欧州地帯・近東地帯・アフリカ地帯の5つに分けて行われる。
　品目別国際経済会議には、次の7つの分科会を設ける。

一、「生命」維持に関する経済会議
　　この会議では、人口問題・土地問題・日用必需品の問題を扱う。
二、「力」に関する国際経済会議
　　この会議では、労力・動力・機械力・原子力及び化学的エネルギー・ガソリンや石炭等の動力に必要なもの・一般生産力に関することを話し合う。

三、交易、交通、通信委員会
四、金融および資源国際会議
五、技術国際委員会
六、利益に関する経済会議
　　租借地、水利権、関税、市場権、保険契約等の国際利権問題を協同組合精神で解決する。
七、経済文化会議
　　移民と本国民の融和問題、離婚、結婚、私生児、言語、国際互助組合、国際的社会事業（地震、洪水、戦争、飢饉、疾病等による災厄の国際的救済事業）、留学生の生活保障、国際親善に要する経済的資源、世界平和について話し合いを行う。（賀川、1982a、「世界国家」、448-449頁；賀川、1982b、「新協同組合要論」、516-517頁）

　賀川は、この世界国家論の構想を通じて、「世界協同組合国家」を提唱し、「万人は一人のために、一人は万人のために」という理念の実現を目指し、「世界平和」の道を提示しようとしているのである。
　最後に、マックス・ヴェーバーの農業政策論と国際政治社会学について論じて、本章を終えることにしよう。

4.3　マックス・ヴェーバーの農業政策論と国際政治社会学

　まず最初に、マックス・ヴェーバー（1864-1920）の農業政策論から見てみよう。
　彼は、経済や技術や国家制度について、まず第一にそれらがどの程度まで国民国家ドイツの強国としての地位を支える目的に適うかを問題にしたが、同時にどのような制度によって、ドイツの人々は、人間らしい生活や幸福を保障されるかということを問題にしたのであった。その意味で、彼の関心は、一方では民族政治の理念の、他方では、社会的責任感と社会的正義感という二重の刻印を帯びていたのである（マリアンネ・ウェーバー、1970、100頁）。

第1章　開かれた共同体と優しさの行方

　彼は、この二重の関心から、以下に述べる講壇社会主義者が組織した「社会政策学会」に参加していくことになるのである。
　労働者の奴隷状態に対する労働者の解放運動を目指したマルクス主義的な社会民主主義運動に刺激され、社会主義の社会批判の正しさを認め、見境のない利潤追求を批判し、倫理的理想に立ち返り、国家が自由な労働契約を規制することを主張する学派、彼らは、その敵対者から講壇社会主義者と呼ばれた。彼らは、最初、言説と論文とにより、若い学徒に働きかけた。その後、国家にも影響を及ぼそうとして、「社会政策学会」を設立し、商人、工業家、官吏もこれに加入した。ヴェーバーも、これに加入することとなった。この学会の関心は、労働問題に注がれた。当時は、農業労働が切実な問題であった。そのため、学会は、東部ドイツ地域の農業労働者事情の調査に取り組むことになり、ヴェーバーもこれに参加した。この調査の結論をヴェーバーは、次のように総括している。

　「調査は東部地方の人口減少の最も重要な原因が、大規模農業経営のために古い共同経済的な農業構造が解体したことにあるということをあきらかにした。地主たちはますます多くの土地を自分のものとし、小作農の権利や現物収益をやめて賃金を与えることにし、売るために経営し、こうして家父長的な支配階級から商業的な企業家階級に変貌し、それによって以前のような自分の下に働く労働者と利害を共にする体制を破棄した。もはや土地の収益からの割り前を持たず、自分の土地による独立も望み得ぬ小農は賦役をやめる——それも、一番いい報酬を得ていた連中が立去るのだから、物質的な理由からではなく、自由になりたいという精神的理由からなのだ。『彼らの幻想は、経済生活のなかにも糊口の問題よりも大きな力を持った理想が存在するのだということの例証である』——領主への人格的隷属は、個々の労働者への領主の人格的責任が消失してしまえば維持されるものではない。廉価で従順な労働力への地主貴族たちの関心がそこから出て来る。ポーランド人とロシア人が数千人もこの国に呼び入れられる。これはまさに東部においてゆゆしい国家

53

的危険を意味し、外国人の流入はますます移住への欲求に拍車をかける。それのみかその地方のドイツ人住民の栄養状態や文化はそれより低い東方の文化段階の水準まで押下げられる。」(同前書、103頁)

ヴェーバーは、自分が解明したこの過程全体を彼の峻烈な政治的観点から見渡し、次のような政策を提言している。

「農業政策を指導するものは生産への関心であってはならず、国家的関心、国民的国防力のプールとして、且またオストマルクを武力によらず防衛するために、郷土に忠実な稠密な強壮な地方住民を維持することへの関心でなければならぬ。結論、あらためて国境を封鎖すること、農民の土地が大土地所有者に吸収されるのを阻止すること、組織的な植民。『われわれは法律の鎖ではなく心理的な鎖を持って小農を祖国の土地に結びつけたいと思う。われわれは——私はあからさまに言うが——彼らを郷土に繋ぎ止めるために彼らの土地への渇望を利用しようと思う。そして国の未来を守るために一つの世代を土地に遮二無二押さえつけねばならないとすれば、われわれはその責任をも自分で引受けるだろう』」(同前書、103-104頁)

ヴェーバーは、大地主の利害関心によって惹起された東部地域の外国人移民、特にスラブ人の増大とそれによるドイツ国家の国防的危機や文化的危機を、安い値段でドイツ人小農に土地を分け与える農地改革を断行する政策によって乗り切るべきだと国家に提言したのである。当時、ロシアは、凍らない港を求めて、南下政策を推し進め、隙あらば、ドイツに侵攻し、不凍港を獲得せんとしていたからである。この防波堤に祖国に忠実な小農がなれると彼は考えたのである。現在の東部における外国人増大の状況は、敵を国内に抱えこむ国防的危機と彼には映じたのである。

彼は、この社会政策学会に参加すると同時に、彼の社会的責任感と社会正義感に対する関心から、もう一つの運動にも参加していくことになった。彼

第1章　開かれた共同体と優しさの行方

の関心をかき立てたもう一つの運動とは、キリスト教社会主義サークルの運動であった。それは、マルクス主義的な社会民主主義に対抗し、キリスト教会の側から社会改革に取り組もうという運動であった。彼らは、社会改革の政策として、労働者側に立つ強力なイニシアチブを政府に要求した。彼らは、牧師たちに、社会問題の研究とキリスト教社会主義政党による連携を呼びかけたのである。社会問題と社会正義に対する関心から、この運動の第1回の会議に、ヴェーバーとその母ヘレーネは参加することになった。その会議の感想を、ヴェーバーは、次のように述べている。

> 「ときとしては少々素朴な、しかしたいていは独自なものを持った牧師たちの口論するのを聞くのは私の母にとってはいつも非常な喜びだった。それにまた、われわれの脳味噌を絞らせるような経済的問題を、彼らが如何にうらやましいほど軽々と、神様の良きご理解を信頼してかたづけるか（しかもその際事実上彼らの浅薄さをとがめることはできないのだが）を見るのは、何かすがすがしいものがある。」（同前書、106頁）

この会議を通じて、ヴェーバーは、この運動の若き指導者たち、フリードリッヒ・ナウマンおよびパウル・ゲーレと親交を結ぶことになった。

ナウマンは、当時フランクフルト・アム・マインの牧師であり、すでに「貧者の牧師」として、若い世代のキリスト教社会主義的傾向の指導者として知られていた。この運動の第3回の会議で登場し、この会議の若い人たちを魅了した。ナウマンがこの会議で果たした役割とその主張を、次に見てみよう。

ナウマンはこのサークルのなかで熱烈で勇猛果敢な疾風怒濤的人物であり、その社会的なものへの感動は学識ある冷静な頭脳の人々の慎重な神学的決疑論を、社会的貧困とキリスト教会の責務との無条件の承認へ追いやった。

彼は最初、自分はもっぱらプロレタリアの代弁者であると考えていた。彼は、心の底からの民主主義者であり、真に宗教的であったが、教義に拘束されず、教会政策には無関心であり、何等の個人的な、もしくは党派に結びついた権力的な目的をもたなかった。彼はただ無産者が彼らの現世での権利を

主張するのに力を貸そうとし、それと同時に、彼らの心を新しい希望と信仰をもって満たそうとした。彼が社会民主主義の隊列に加わるのを引き止めたのは、彼の宗教心だけであった。生き生きと自己形成を続けるキリスト教によるマルクス主義の内面的克服と、社会民主主義を解消させるキリスト教社会主義時代とに彼は期待をかけた。

　ナウマンは、マルクス主義にも国際的結合にも拘束されないが同じだけの規律を持ったキリスト教的労働運動を打ち出すことが可能であろうという希望から出発した。イエスは民衆の一人としてよみがえらねばならず、キリスト教的心情は変革的に働かねばならぬ。彼は社会主義を至福千年説と形容した。至福千年は、人間の罪業によって妨げられているが、キリスト教徒は地上の至福の再建を目指す自分らの労働の進歩を信じねばならぬ。そうでなければ、彼らの労働は何ら道徳的なものも人を感激させるものも持たないと主張した。ナウマンは福音書のなかに理想的な経済秩序への指針を見いださなかったが、基本的原則を確かに見いだしていた。彼は、貧困の克服は新約聖書によるキリスト教の第一の課題であると主張した。この解釈や主張に対して、神学の権威者たちは頭を振って反対したが、この思考はとりわけ若手の連中を魅了したのである。年配の連中が階級間の深淵をそれで包み隠そうとした教化的方法を、彼らはナウマンと共にしりぞけた。彼らは、ナウマンと共に、福音の強烈な明るい光をわれわれの経済状態の上に当て、その光の中でこの状態の改善とわれわれの道徳的疾患の快癒の道を探したいと主張した。ナウマンの支持にまわったのは、福音と社会の時事問題を発行していたオットー・バウムガルテン、プロレタリアの内的・外的宿命をそれ自身の見地から見ることを学んだパウル・ゲーレ等の若手の神学者たちだった。これらの神学者たちは、すべて高邁な意欲によってナウマンの考えと一致した感激的で純粋な一群の人々だったのである（同前書、106-107頁）。

　ナウマンは、自分より若いヴェーバーの中に彼自身には欠けている生来の政治的本能を感じ取り、この若い専門家ヴェーバーを、政治と経済の問題についての生きた知識供給源、道しるべとして選んだのである。こうして、第5回福音社会会議では、ゲーレとヴェーバーの発議によって、ヴェーバーが

第1章　開かれた共同体と優しさの行方

取り組んできた農業問題の討議が行われるように計画された。農業労働事情についての大規模な調査も行われることになった。その質問票は、社会政策学会のときとは違って、雇用者だけではなく、農村の牧師にも向けられたものだった。農村の牧師たちのほうが判断を下すにあたって不偏不党であったし、のみならず牧師たちの目を社会活動に開かせる意図もあったのである。

　この調査では、単に農業労働者の経済状態のみではなく、精神的・道徳的・宗教的状態、およびその両者の相互作用をも明らかにすることになっていた。この調査では、経済史観の限界が提示された。すなわち、賃金鉄則は農村では通用しないということであった。生活費の高いところでも低い賃金はあるし、地味の良いところでも労働者の生活水準の低さは見られる、そしてその逆の場合もある。農業労働者の運命や一般的状態を決定するものは、彼らを取り巻く世界の全般的な経済関係ではなく、歴史的にできあがった社会的成層であり、この成層を農村で決定するものは技術的・経済的な条件ではなく、住民がどのような集団をなしているかということや、経営および耕地の分け方、労働法の法律形態なのである（同前書、107-108頁）。

　ヴェーバーは、社会的責任と社会正義の立場から、資本主義を批判し、労働者の利益と福祉を擁護している。これは、キリスト教的社会改革運動が強調した思想であり、その意味で、ヴェーバーはこの系譜に属すると言える。

　ヴェーバーの友人ナウマンは、社会主義を「地上における至福千年」という立場から捉えているので、ナウマンには「地上における神の国」という思想があったと言えるが、ヴェーバーがこの思想に依拠していたとまでは言えない。ヴェーバーは、国内における労働者や貧者の地位向上や大企業指導者層と労働者層の同権性という人権を強調する民主主義的立場に立っていたが、同時に、このことを実現可能なものにするためには、対外的にも国内的にも足腰の強い国民国家形成が不可欠であるとも考えていた。帝国主義という環境下において、この現実政治を特に強調するのが、ヴェーバーの特徴である。これは、キリスト教社会改革思想からの影響ではなく、彼固有の特徴と言える。

　ヴェーバーは、現実の社会主義は、プロレタリアートの独裁ではなく、官

僚の独裁であり、この官僚支配の国家体制は、国家に対する親方日の丸的な依存体質を生み、効率的な経済発展を阻害し、そのため、資本主義に比べて生産力の点で劣っていると、「社会主義」を批判している。ヴェーバーにとって、この官僚制は、資本主義にも社会主義にも同様に見られる現代の傾向であり、「個人主義的自由」を守るためには、この官僚制をコントロールする体制が必要であり、この体制として人民投票的指導者民主制という強力な政治指導者が官僚をコントロールする体制を構想している。ヴェーバーは、この体制により、官僚のコントロールが可能となり、また、企業家と労働者が同権的立場から闘争する自由を認めることにより、社会移動が可能となり、格差是正が行われると考えている。

　自助努力による経済効率性重視の立場から個人主義擁護をしながら、同時に社会改革を強調するヴェーバーの構想は、資本主義的発想と社会主義的発想に橋渡しをする第三の道の提唱なのである。ヴェーバーのこの発想は、「自助と協同」の精神に基づく協同組合的社会政策を提唱した柳田國男と互いに通底する側面を持っているのである。ヴェーバーと柳田の違いは、柳田が国内に限定された「対内的視点」からの社会政策を提唱したのに対して、ヴェーバーは、移民政策を視野に入れた「対外的視点」からの社会政策を提唱した点にある。

　最後に、ヴェーバーの国際政治社会学について論究することにしよう。

　ここでは、世界システムとの関係から国内政治やナショナリズムを位置づけようとするヴェーバーの発想に注目して論じることにする。すなわち、彼は、世界的な対外関係との関係で、対内的な国内政治やナショナリズムを把握しようとしているのである。このことに言及している彼の論文は、『経済と社会』(Max Weber, 1972, *Wirtschaft und Gesellschaft*, 以下、*WuG*と略記する)の第1部第4章の「種族的共同社会の諸関係」と、同じく『経済と社会』の第2部第8章の「政治的共同社会」の2論文である。そこで、これらの論文の中で展開されている世界システムと国内政治やナショナリズムとの関係に注目して、彼の国際政治社会学を考究してみることにしよう。

　ヴェーバーは、大衆が戦争に対して示す反応について、次のように述べて

いる。

> 「『大衆』そのものは、少なくとも彼らの主観的な考えでは、最悪の場合生命そのものを除けばこれといって直接具体的な事柄をおそれることはない。こうした危険の評価や効果は、まさしく大衆の観念ではすこぶる変動しやすい量を意味するのであって、全体としてそれは情緒的感化によりたやすくゼロにまで還元できるのである。」(*WuG*, S.527)

ここでは、「大衆」というものは、情緒的感化の影響をすこぶる受けやすい流動的で変動しやすい存在であるという点が論じられている。ヴェーバーは、大衆に与えるこのような情緒的感化の熱情を、経済的起源に基づくものと捉えているのではなく、「ナショナリズム」と呼ばれる国家権力の有する一種の「威信感情」に基づくものと捉えているのである。しかしながら、「ナショナリズム」の感情は、たんに集団の同一性に基づくものとして考えられてはいない。「ナショナリズム」は、同一の先祖をルーツに持つという血統の共通性についての信仰に基づく「民族共同社会」や、同一の言語を話す「言語共同社会」とは一致しないのである。ヴェーバーは、「ナショナリズム」の感情が、民族的な境界や言語的な境界を超えるか、あるいは、そうした境界を再分割する多くの事例を挙げている。ドイツ語を話すアルザス人には、フランス人と同一の国民であるという感情が広く行き渡っている。その理由は、彼らが、かつてフランス人とともにフランス革命という共通の政治的体験をしてきたということにある。こうした「政治的運命の共同についての追憶」が、彼らをフランス国民の一員と感じさせる。このように、フランスの国民は、フランス語を話す人々のみで成り立っているのではない。セルビア人とクロアチア人は、血統の親近性という民族的共通性がかなりあるにもかかわらず、宗派が異なるため、同一の国民感情を有していない。それゆえ、「言語共同社会」や「民族共同社会」だけで、「ナショナリズム」の現象を説明することはできない。「ナショナリズム」は、むしろ政治権力との関係においてのみ明確に把握できると、ヴェーバーは考えている。

「ところで、『国民』という概念は、これまで論じてきたところでは、政治的な『権力』との関係を再三再四指し示していることに気がつくのである。それゆえ、『国民的な』ものというのは、——それが一般に統一的なものであるとするならば——言語共同社会・宗派共同社会・習俗共同社会・運命共同社会といった共同社会によって結びつけられた人間集団の中で、すでに存在している場合であれ、あるいは、熱望されている場合であれ、ともかく、固有な政治権力形成の体制について考えるという点で共通した特徴を持ち、しかも、『権力』を尊重すればするほど益々特殊なものになっていくそうした特殊な種類の激情であるのは明らかなのである。」(*WuG*, S.244)

「ナショナリズム」とは、明確に政治的な意味あいを持つ激情的な感情のことなのである。それは、抽象的な権力を所有していることに対する共同社会自身の激情的な誇り高さの感情であるか、もしくは、そうした権力を所有することに対する共同社会自身の渇望の感情なのである (*loc. cit.*)。「ナショナリズム」のもう一つの特徴は、それが摂理による「使命」というある特別な「文化的使命」の観念を持っている点である。ヴェーバーはこのことについて、次のように述べている。

「国民の理念の最も古くかつ最も精力にあふれた発現は、いかに包み隠されていようとも何らかの形で、摂理による『使命』の伝説を含んでいた。それはまた、まさしく『国民』として区別された集団の個別的特質の育成により、またそれを通じてのみ、この使命が可能とされるという観念を含んでいた。この理念を代表する人々により、その熱情が向けられた人々は、この使命を引き受けるよう期待されたのである。かくしてこの使命は——それがその内容の持つ価値で自己を正当化しようとするかぎりで——ある特別の『文化的』使命としてのみ矛盾なく考えられうるのである。」(*WuG*, S.530)

第1章　開かれた共同体と優しさの行方

　「ナショナリズム」は、このように摂理による「聖なる使命」という観念を創造する。この観念は、他の政治的共同社会との戦闘の際には、自己の社会を正当化するための「聖戦」の観念を生み出すことになるのである。以上のことからもわかるように、ヴェーバーは、「ナショナリズム」を「政治的正当性」と関係づけて捉えているのである。「正当性」とは、所与の秩序が服従するのに適したものとして、服従者に進んで受け入れられることを意味する。
　ところで、この「正当性」概念を、国家レベルの「政治的共同社会」において捉えるとき必要になってくるのが、国家に対してその所属員が感ずる「威信」感情である。そして、この「威信」感情の基礎となっているのが、国家の有している権力なのである。この権力に照らしてみて、他国家より高い「威信」を持っている国家は、「対内的正当性」の確保をその所属員から比較的容易に得られるのである。つまり、国家の「権力威信」の運命が「正当性」の意義を決定するということなのである。
　以上のように、「正当性」を「権力威信」と結びつけて捉えるとき、対外的関係により「正当性」が喚起されることになるが、その際に関係してくるのが、「帝国主義」という概念である。ヴェーバーに従い、ここでは、「帝国主義」を、帝国建設を達成するために外国に対する軍事的な干渉を行うという意味に解することにしよう。「帝国主義」はなぜ生まれてくるのか。この問いに対して、ヴェーバーは、次のように答えている。すなわち、他の国家との対外的な軍事戦争による成功を通じて、「権力威信」を高め、それによって「対内的正当性」を獲得して国内での権力闘争に勝利しようとする政治的指導者の利害関心が最も重要な要因なのであって、植民地略奪資本主義による経済的利害関心は、「帝国主義」を育てる役割を演じはするものの、その主たる要因なのではないということである。では、いかなるときにどのような国家が最も帝国主義的傾向を示すのだろうか。この問いに答えるために、まず対外的拡張を最も試みる傾向を持つのはどの国家かを考えてみよう。その国家とは、軍事的成功の機会が最も高い国家である。このことを説明するためには、国家の境界の拡張および縮小の決定要因となる地政学の理論が不

可欠となってくる。地政学的視圏に立てば、隣国よりも大きな面積と多くの資源を有している国家や、多くの相対立する国家を抱えるという政治的環境下において、その配置状態から見て「有利な境界地」を有する国家は、その国家の周りにある他の国家を犠牲にして領土の拡張に走りたくなるであろうということが予測される。こうした地政学的条件に着目すれば、どの国家が、世界史における特定の時代に相対的に見て、より帝国主義的であるのか、あるいは、ほとんど帝国主義的でないのかを判断することができるのである。

次に、帝国主義の対内的なダイナミズムに目を転じてみると、最も重要な対内的原理は、いかなる政治的党派が戦争を行おうとも、戦争において勝利した党派は国内での正当性を高め、それに対して、敗北を喫した党派は国内での正当性を失うことになるという点なのである。それは、国内の政治的党派の運命が大部分「国際的な権力威信獲得競争」の舞台内での彼らの国家の運命に左右されるということを意味する。なぜなら、対内的な政治的党派の戦争における勝敗は、基本的には、「国際的な権力威信獲得競争」の舞台内での運命とも言うべき偶然的な地政学的条件に左右されるからなのである。このように、国際的な運命が予測できる以上、世界システムの地政学的構造から見て、世界における地政学的条件が、国家の構成要素である対内的な政治的党派の盛衰の主要な決定要因であると結論づけることができる。以上により、ヴェーバーの「国際政治社会学」は、地政学理論を援用しながら、「ナショナリズム」「権力威信」「帝国主義」を相互に関連づけ、そうすることによって、これらの3つの概念を一連の過程、すなわち、支配の「正当性」のダイナミズムを決定する「世界システム」内での「国際的規模の過程」として把握する構成になっていることが明らかになったと言えよう（Collins, 1986, pp.145-166参照）。

ヴェーバーの「国際政治論」は、世界システムの中での国家の地政学的条件が、国内の政治的党派の「正当性」や「ナショナリズム」や「帝国主義」を左右するものであると捉えるところに、その特徴がある。彼によれば、帝国主義的傾向を示す国家、すなわち軍事的拡張傾向を示す国家は、世界システムの中で有利な地政学的条件にある国家なのである。ヴェーバーは、この

第 1 章　開かれた共同体と優しさの行方

ように戦争の主な原因を地政学的条件にあると考えている。これに対し、賀川は、戦争の主な原因が経済的なものにあると考えている。この点において、両者は異なっている。両者ともグローバルな発想に立って論を進めているが、ヴェーバーが、世界システムにおける地政学的条件を計算に入れつつ、その中で国民国家としての自国ドイツの最大限の「国益」を保持することに主眼を置いたのに対し、賀川は、「世界協同組合国家」を提唱し、「万人は一人のために、一人は万人のために」という理念の実現を目指し、「世界市民」たらんと欲したのであった。加山久夫は、第二次大戦中、ルーズベルト大統領のアメリカの排日移民政策や米兵による日本兵士の戦死体に対する冒瀆行為やアメリカ軍の無差別で残虐な空襲爆撃行為等により、賀川の血は沸騰し、ついに非戦論を捨て、自ら戦争肯定論に転じたと論じている。満州における日本の植民地開拓政策への彼の協力も、それが日本の中国に対する侵略と搾取行為に繋がることを見抜けなかったことによるとも論じている（加山、2005、114-126頁）。ヴェーバーは、国際的な帝国主義状況の中で、地政学的条件に則り、無謀な世界制覇の野望を批判し、イギリス、フランス、ロシアという大国に囲まれた地政学的状況の中で、自国ドイツにとって最も望ましい安全保障政策は何かを考え行動したのであった。その意味で、ヴェーバーは、一貫して冷静で現実的な思考に則って行動した「愛国者」であった。賀川は、「非戦論」から「戦争肯定論」へと方向転換したが、それは、戦争というものが孕む日本人への「人権侵害」に、「愛の人」賀川が我慢ができなかったことによると言えよう。満州開拓政策への彼の協力は、日本の世界システムの中での地政学的条件により、日本が中国大陸において侵略と搾取の方向に歩むことになることを見抜けなかったことに起因すると思われる。

　戦後、この戦争が孕む残虐性と抑圧性を肌で感じた賀川は、もう二度とこの愚かな戦争を繰り返さないために、上述したような世界連邦構想を提案し、それを実現するために、世界連邦運動に奔走したのである。この運動の国内向け運動としては、日本の青少年への平和教育が挙げられる。賀川は、雑誌『世界国家』に青少年向けの平和教育論を掲載し、また、青少年への平和教育の実践も行ったのである。

賀川とヴェーバーは、グローバルで世界大の社会科学的思考を展開している点で共通している。ヴェーバーは、グローバル社会の中でドイツの国民国家の生きる道を探究し、賀川は、世界大の社会を統治する政策により、世界平和の実現を目指そうとしたのであった。
　ヴェーバー・柳田・賀川は、個人主義的自由主義のみに偏ることなく、社会主義的集合主義をもその思考に取り込んで、システム論的思考を展開しているが、現代の社会科学は、この3者のシステム論的思考から学ぶ必要がある。さらに、ヴェーバーと賀川のシステム論が、世界大の世界システム論となっている点も今日的観点からみて重要である。この点は、今日の自由放任的で個人主義的な社会科学に対する痛烈な批判となっている。今日、構築主義が隆盛しているが、もしその構築主義が世界大の思考を展開できなければ、その思考は木を見て森を見ない思考に陥ることになろう。

5　結論

　これまでに論じてきたことをまとめてみよう。
　1節では、本章のテーマ設定について述べ、このテーマに沿った論理展開を行うため、課題設定と論述の順序を同時に考慮して、1節「序論」、2節「世俗逃避的キリスト教平和主義論」、3節「ガンジーの非暴力国家思想論と柳田國男の協同組合思想論」、4節「世俗内的キリスト教平和主義論」、5節「結論」という5節からなる節構成を取ることになったと述べている。また、本論文の研究方法とデータ収集法について述べている。
　2節の世俗逃避的キリスト教平和主義論では、アーミッシュとフッターライトの2事例を取り上げて論じている。アーミッシュもフッターライトも、幼児洗礼を否定し、自覚的な信仰に基づく成人洗礼を強調することから、再洗礼派に属するプロテスタントの一宗派である。暴力を否定し、平和主義に徹するため、良心的兵役拒否をする点や世俗を避ける点において、両者は共通している。彼らの理念を貫くため、彼らの共同体は農業共同体という形態

第 1 章　開かれた共同体と優しさの行方

を取っている。農業共同体は、彼らに、「相互扶助」に基づく自治を行う環境を提供してくれるので、彼らの宗教思想を貫くのに都合がよいからである。両者の違いは、アーミッシュが世俗を避けるため、自動車・テレビ・電話等の近代技術を避け、また、農業においても馬車や牛を使い、機械化をしないのに対して、フッターライトは、近代技術を積極的に取り入れ、農業の機械化を行っている点にある。また、アーミッシュが家族経営による私有財産制の共同体なのに対して、フッターライトは財産共有制の共同体であるのが、顕著な違いである。アーミッシュでもフッターライトでも、彼らの仲間同士による相互扶助が行われている。アーミッシュでは、生命保険や火災保険にも加入しないので、彼らの家が火災で焼失したときや彼らの親族が亡くなったとき、彼らの仲間が、その家の再建作業やその農耕地作業のサポートをするという形で、相互扶助が行われている。アーミッシュでは、生命保険や火災保険等の近代的業務に頼ることは、彼らの共同体の相互扶助精神を危うくするものと考えられている。自動車・テレビ等の近代技術も、彼らの意識を共同体の外に向かわせ、共同体の結束を弱めるとして、拒否されている。アーミッシュは勤勉で正直なので、彼らの作る農産物も信頼され、ブランド化している。町のスーパーマーケットに彼らの店舗等を持ち、そこでブランド化した彼らの農産物を売りさばき、生産と商業の両方を行うことによって、現代の市場に適応している。2006年、彼らの児童の小学校が銃撃され、児童が殺傷される事件があった。彼らは、その犯人を赦し、その犯人の家族をサポートするという徹底的な赦しの実践を行った。これは、彼らの共同体の核となっている教えである。新約聖書の山上の垂訓等にある非暴力と徹底的な赦しを実践した。近代を拒否するとして、奇異なまなざしを向けられてきた彼らは、この優しさの実践を通じて、テロという残虐性さから脱却できないでいる野蛮な現代人に衝撃を与えた。暴力により傷ついた彼らの社会を修復し、赦すことによる自己治癒的側面を発見することにより、アメリカ社会の基底に横たわっている良質のキリスト教精神を呼び覚ますことになった。フッターライトでは、自己放棄と財産共有の教えが結合することにより、共同経営の農業と共同の保育が行われ、質素・勤勉・節約等の禁欲的態度が強調されるこ

とにより、経済面では、資本の蓄積とその有効投資が行われ、また、合理的な多角経営が行われることにより、現代の市場経済に適応している。財産共有制により、彼らの相互扶助は、共同経営や共同保育という形を取って行われているのである。

アーミッシュやフッターライトの共同体は、総合扶助による仲間同士の優しさの精神は内在させているが、その共同体が閉鎖的で外に向かって開かれていない側面を持っている。

そこで、3節では、仲間同士の優しさの精神を内在しつつ、外に向かってそれを広げていく試みとして、ガンジーの村連合の共和国構想、すなわち、村の主権と自治に基づき、村人同士の相互扶助を行う非暴力の共和国、それを調整するために、村連合や中央政府をそれに付加する構想や、柳田國男の村・村連合の地域社会・中央政府のある大都市地域という3層が互いに対等に併存しあう地域分権型の国家構想がある。柳田は村に対応する市場として小市場を、村の小市場の連鎖によって構成される村連合の地域社会に対応する市場として中市場を、中央政府のある大都市地域に対応する市場として、大市場を考え、大市場に小市場や中市場が支配される一極集中型の農業構造から、この3市場が活発に機能する地域分散型の農業構造への変革を提唱している。柳田によれば、この村連合を支える組織は協同組合であり、その協同組合を支える精神は近世村落にあった自助と協同の相互扶助に基づく郷党精神なのであり、この村の相互扶助精神を村人に自覚させるものが民俗学なのであった。ガンジーの非暴力の村連合共和国構想や柳田の協同組合的村連合政府構想は、相互扶助による優しさの精神を保持しながらも、同時にその精神を国家に向かって拡大していく開かれた共同体を目指す試みだったのである。

ガンジーの構想や柳田の構想は、村共同体から国家へと拡大された構想であった。グローバルな現代社会では、国家だけではなく、国家を超えてさらに広がっていく超国家的相互扶助の発想に基づく開かれた優しさの共同体構想が必要となってきている。なぜなら、グローバルな現代社会では、国家は単独ではもはや成立せず、国家同士が相互依存を深め、相互に支え合わなけ

第 1 章　開かれた共同体と優しさの行方

れば成り立たなくなってきているからである。

　4節では、最初に、この超国家主義的共同体の試みとして、平和主義と友愛に基づく開かれた共同体都市構想とそれを可能にする超国家主義的国連構想を提唱したクエーカー教徒のウィリアム・ペンの構想が検討されている。その他に、クエーカー教徒の実業家の例もあげ、彼らの事業が従業員の福祉を充実させ、さらに、平和産業重視や社会改革的公益事業へと広がっていく開かれた優しさの精神の共同体を目指すものであることを具体的に検証している。クエーカー教徒の基底にあるのは、人間は誰でも神の「内なる光」を宿しているという人間の普遍的で無限な可能性を信ずる人間理解にあった。この実践的努力は、ペンの平和主義と友愛に基づく都市共同体構想とそれを支える超国家主義的国連構想や、また、アーネスト・ベーダーの協同組合的平和企業やジョーゼフ・ラウントリーの従業員の福祉を重視した企業経営と社会改革的公益事業となって現れてきたのである。

　次に、賀川豊彦の世界協同組合的平和主義論とマックス・ヴェーバーの農業政策論と国際政治社会学が検討されている。賀川は、協同組合の3原則である利益払い戻し・持ち分の制限・一員一票の原則を世界的に拡大して協同組合的世界国家である「世界連邦政府」を作ることを提唱している。世界連邦政府は互助友愛に基づき、協同組合の3原則により運営される。具体的には、現在の国連組織をこの原則に沿って改組することにより、世界連邦政府が実現されるのである。その際、国連軍は、世界国家警察軍となり、国家間等の紛争を解決するため、緊急出動することになる。賀川は、経済問題が戦争の原因であり、この経済問題を解決するため、世界連邦政府の主催で、「協同組合的世界経済同盟」会議を開くことを提唱している。この会議の原則は、共同互恵の精神・権利および機会の均等・搾取主義の排除（利益払い戻し）である。この世界会議には、品目別国際経済会議・地帯的経済会議・世界総合経済会議がある。賀川のこの構想は、ヨーロッパの経済問題を話し合う中で生み出されたヨーロッパ共同体（EU）という形で一部実現されている。これは、ヨーロッパの地帯的経済会議の発展の成果である。こうした地域別のブロック会議の発展版が出てくる可能性は今後もあると思われる。現在、

東アジア共通の家としてのアジア共同体のアイデアが提唱されている。

　ヴェーバーの農業政策論では、東部ドイツ地域の農業労働問題が検討され、外国人、とりわけスラブ系の外国人農業労働者が出稼ぎ労働者から常勤労働者になることにより、東部地域において外国人が激増していることが問題とされている。当時のロシアは、不凍港を求めて南下政策を進めており、その政策により、ドイツとロシアの間で戦争が行われる可能性があったからである。したがって、東部地域における外国人の増加は、単なる農業経済問題ではなく、ドイツの安全保障の問題となっていたのである。なぜなら、ドイツとロシアが戦争になったとき、ドイツは敵を国内に抱え込むことになるからである。このため、ヴェーバーは、これ以上の外国人をドイツ国内に流入させないため、ドイツ国境を閉鎖し、また、東部ドイツの土地を政府が買い上げて、それを安い価格でドイツ人に提供し、東部地域におけるドイツ人農業労働者を増やす農地改革政策を提唱したのである。ドイツ人農業労働者が東部地域に根づくことにより、彼らの郷土愛が養われ、その結果、ドイツの安全保障に繋がるとヴェーバーは考えたのである。このように、ヴェーバーの農業政策論は、移民問題を視野に入れた対外的農業政策論であり、この点が、対内的農業政策論に立脚した柳田國男との違いなのである。ヴェーバーの国際政治社会学は、世界の中で自国が置かれている状況、すなわち地政学的状況を計算に入れ、その状況を熟慮して、自国の政策を推し進めていくために考えられた学であった。この状況を無視して、国の政策を推し進めると、過剰拡張等に陥り国の破滅を招くからである。この結果を絶えず考慮する責任倫理こそ、政治政策を行う際に必要な政治倫理だったのである。彼のこの観点に立てば、ナチスのロシアへの進出や第二次大戦中の日本軍の中国大陸進出政策や南下政策等は過剰拡張に陥る危うい政策だったのである。賀川の世界連邦政府構想は、協同組合の原則が世界にも適用されると考えている点において、あまりにも理想主義的であるように思われる。

　これは、世界における地政学的状況に対する発想が欠けているためである。また、賀川の世界連邦政府の構想は、規模が世界大のため、これをコントロールするのは困難であるように思われる。というのは、規模が大きくなると、

第 1 章　開かれた共同体と優しさの行方

その全体を見通すことがなかなかできず、人間間の交渉が円滑に営まれなくなる面があるからである。その他に、大規模組織であるため、形式合理性が肥大化して、官僚制化に陥る危険性があるからでもある。

　この問題を乗り越えるためには、地帯別経済会議等の努力を下から徐々に積み上げ、より上位の会議を経て、最後に世界総合経済会議へとステップを踏んで進んでいくことが必要である。

　グローバルな規模の紛争を克服し、その解決を探る道のりは、今後多難であることが予測される。世界が相互依存を深めているグローバルな時代にあって、一国同士や複数国家同士が互いの利害を調整しあい、話し合いを深め、歩み寄っていく努力が今日ほど求められているときはないのである。

　それにもかかわらず、現実は、世界で紛争が絶えず、紛争当事国同士が互いにイニシアチブを獲得しようと争っている状況下にある。それらの紛争は、利害闘争と価値観の闘争である神々の闘争が互いに複雑に結びつき関係しあって惹起されることが多いのである。トマス・ホッブズのリヴァイアサン問題は、国内では解決可能でも、国同士や国際間ではまだ未解決の問題なのである（長尾、2009、70-76頁参照）。

　2010年において、平和問題の要である核問題は、核大国であるアメリカ政府のオバマ大統領のイニシアチブにより、もう一つの核大国であるロシアを動かし、両国による核軍縮の方向へと進みつつあった。この両大国による核軍縮管理の動きは、世界の平和実現のための第一歩であった。しかし、現在では、この両大国は、逆の方向に進んでいる。核戦争の脅威は、それを行う国同士を共に滅亡させる滅亡ゲーム（チキンゲーム）の側面を持っている。人類の滅亡ゲームへの道を避けるため、現在、国際間では、核拡散を防ぐ核管理政策が焦眉の急の問題となっている。具体的には、北朝鮮やイラン等の核問題の解決への道を探る会議が必要であるということである。日本国内的には、平和憲法、特に第9条の持つ「合理的自己拘束」としての軍事力暴走の歯止め効果を考慮に入れた安全保障政策を取ることである（長谷部、2007、128-177頁参照）。この政策により、シビリアン・コントロールが実質的な意味を持つからである。

世界の地帯別に見れば、アジアの中にある日本は、アジアの国々との相互扶助を前面に掲げて、アジア共同体の構築を目指していくことが、今後求められていると言えよう。

　また、現在の国際紛争は、国レベルのテロだけではなく、超国家的レベルのテロとなっているところにその特徴がある。したがって、今後の平和問題の解決のためには、軍事力暴走の歯止め法に基づく安全保障政策・核管理政策・世界地帯別共同体の構築政策・超国家的テロ政策が肝要になってくると考えられる。この政策を地道に一歩ずつ実行する努力を積み重ねていくことが、「優しさの精神を持った開かれた共同体」の夢実現に繋がっていくと考えられる。

参考文献

Baker, James W.監修、志茂望信文、Plimoth Plantation, Inc.写真、2000、『メイフラワー号プリマス開拓村』、燦葉出版社。

Cnaan, Ram A. with Stephaniec. Boddie, Charlene C. McGrew, and Jennifer J. Kang, 2006, *The Other Philadelphia Story : How Local Congregations Support Quality of Life in Urban America*, University of Pennsylvania Press.

Collins, Randall, 1986, *Weberian Sociological Theory*, Cambridge University Press.

藤井隆至、2008、『柳田国男―『産業組合』と『遠野物語』のあいだ』、日本経済評論社。

Gallery, John Andrew, ed. Photographs by Tom Crane, 2007a, *Sacred Sites of Center City : A guide to Philadelphia's historic churches, synagogues and meeting houses,* PAUL DRY BOOKS, INC. Philadelphia.

Gallery, John Andrew, 2007b, *The Planning of Center City Philadelphia: from William Penn to the Present*, The Center for Architecture, Inc. Philadelphia.

長谷部恭男、2007、『憲法と平和を問いなおす』、ちくま新書。

長谷部恭男、2009、『憲法とは何か』、岩波新書。

石見　尚、2002、『第四世代の協同組合論』、論創社。

クレイビル・ドナルド・B／スティーブン・M・ノルト／デヴィッド・L・ウィーバー-ザー

第 1 章　開かれた共同体と優しさの行方

　　カー、青木玲訳、2008a、『アーミッシュの赦し――なぜ彼らはすぐに犯人とその家族を赦したのか』、亜紀書房。
Kraybill, Donald B., Photographs by Daniel Rodriguez, 2008b, *The Amish of Lancaster County*, StackpoleBooks.
賀川豊彦、1951、『世界国家』、第 4 巻、緑蔭書房。
賀川豊彦、1952、『世界国家』、第 5 巻、緑蔭書房。
賀川豊彦、1982a、『賀川豊彦全集』、第10巻、キリスト新聞社。
賀川豊彦、1982b、『賀川豊彦全集』、第11巻、キリスト新聞社。
加山久夫、2005、「戦時下の賀川豊彦――『みくに』運動による賀川批判を中心にして――」、『明治学院大学キリスト教研究所紀要』、第37号。
ラミス、C・ダグラス、2009、『ガンジーの危険な平和憲法案』、集英社新書。
宮本常一、2007、『庶民の発見』、講談社学術文庫。
宮本常一、2009、『忘れられた日本人』、岩波文庫。
Moretta, John A., 2007, *William Penn and the Quaker Legacy*, Pearson Education, Inc.
Moss, Roger W., Photographs by Tom Crane, 2005, *Historic Sacred Places Philadelphia*, University of Pennsylvania Press.
長尾龍一、2009、『リヴァイアサン　近代国家の思想と歴史』、講談社学術文庫。
中村貞二、1999、『マックス・ヴェーバー研究』、未來社。
オバマ、バラク、三浦俊章訳、2010年、『オバマ演説集』、岩波新書。
Root, Douglas, Photography by Jerry Irwin, 2003, *Compass American Guides: Pennsylvania*, Compass American Guides Animprint of Forders Travel Publication.
坂井信生、2007、『聖なる共同体の人々』、九州大学出版会。
嶋田高司、2008、『成功の主役は「脇役」だった：私のアメリカン・ドリーム』、早稲田出版。
シュマッハー、E・F、斎藤志郎訳、1976、『人間復興の経済』、佑学社。
鈴木俊彦、2006年、『協同組合の軌跡とビジョン』、農林統計協会。
ウェーバー、マックス、石尾芳久訳、1968、『国家社会学』、法律文化社。
ウェーバー、マックス、山口和男訳、1971、『農業労働制度』、未來社。
ウェーバー、マックス、田中真晴訳、2000、『国民国家と経済政策』、未來社。
ウェーバー、マックス、肥前栄一訳、2003、『東エルベ・ドイツにおける農業労働者の状態』、未來社。
ウェーバー、マリアンネ、大久保和郎訳、1970、『マックス・ウェーバー』、Ⅰ、みすず書房。
「ユートピアの挑戦」（http://www.geocities.co.jp/berkeley/3860/Utopia/040.html）

ヴァーノン、アン、岡村東洋光・佐伯岩夫訳、2006、『ジョーゼフ・ラウントリーの生涯——あるクエーカー実業家のなしたフィランソロピー——』、創元社。

Weber, Max, 1972, *Wirtschaft und Gesellschaft*, Verlag von J. C. B. Mohr, besorgt von J. Winckelmann.

第 2 章

苦難と社会統合
―相互扶助社会についての社会学的研究―

第 2 章　苦難と社会統合

1　序論

　2011年3月11日に、マグニチュード9の未曾有の大地震が東北地方を襲った。東日本大震災と命名されたこの災害は、津波を伴った地震で、東北地方から関東地方にまで及ぶ広域地域に被害をもたらした。死者および行方不明者がおよそ2万人に達し、津波に襲われた多くの地域に壊滅的な打撃を与えた。この津波は、東京電力の福島第一原子力発電所の炉心冷却装置の電源を止め、また、非常用電源装置も破壊した。これにより、福島第一原発では、炉心溶融の状態となり、水素爆発が起こり、東北地方と関東地方等に跨がる広域に放射能が撒き散らされることになった。この地震は、放射能汚染を発生させたという意味で、これまでの日本では、例のない地震となった。この地震発生後、この危機を克服するため、国内の災害支援機構が総動員され、また、海外からの災害専門家集団による支援活動も行われた。災害ボランティアの活動や災害義援金を集める活動も展開されることになった。

　この大災害の只中、多くのメディアが、「頑張ろう日本」「お互い様」「心は誰にも見えないけれど、思いやりは見える」等の言説を流し、「苦難の共有」「相互扶助」の雰囲気を醸成させた。それにより、被災された人々の気持ちを考え、華美な活動を慎む禁欲的行為が日本人同士の中にもたらされることになった。福島原発事故による電力供給不足がそれを一層助長し、節電という形となって現れてきた。

　この国難とも言うべき未曾有の苦難は、この苦難に立ち向かうため、人々を結束させ、自発的な相互の助け合いをもたらす契機になっていくのであろうか。それにより、カール・マンハイムの時代診断の言葉を使うなら、「甲羅のない蟹」（Mannheim, 1943, p.95）状態に陥り、対人関係の絆が弱まり、アトム化してばらばらになってしまっている現代の社会状況を克服する道が開かれてくるのであろうか。換言するならば、私化し、エゴイズムに陥った極端な個人主義を乗り越えることにより、断片化したコミュニティを繋ぎその間の連携を図ることにより、社会を再組織化し、社会統合を図る道は見い

だされてくるのであろうか。

　この問題を考えてみるのが、本章の目的である。この問題意識を鮮明にするため、本章のタイトルを、「苦難と社会統合―相互扶助社会についての社会学的研究―」と命名することにしたのである。

　本章では、このテーマに関係する文献・聞き取り調査・調査等で収集した資料をデータとして用いている。また、方法としては、マックス・ヴェーバーの比較社会学的方法、すなわち、比較法と理解社会学的方法を兼ね備えた方法を採用している。

　このテーマにアプローチするため、本章では、相互扶助の源泉・苦難の神義論・苦難と社会統合の関係という課題を設定した。この課題設定により、本章では、1節でこの論文のテーマ・課題設定・データの収集方法・社会学的方法を論じ、2節で相互扶助の源泉、3節で苦難の神義論、4節で苦難と社会統合の関係、5節でこの論文の結論という節構成を取ることにした。

　では、以下、この節別構成に従い、具体的に論述していこう。

2　相互扶助の源泉

　現代は、対人関係が希薄で、個々人がばらばらで孤立しやすい状況にある。最近、「孤族」という名称がマスコミで頻繁に取り上げられるようになってきている。この言葉は、現代人の孤立状況を象徴的に表現していると言える。現代の社会問題であるこの状況を克服するためには、個人間の絆を回復し、対人結合を強めていくことが課題となっている。そのためには、人々が相互に力を出し合って助け合う相互扶助結合に基づく社会を作り出していくことが必要である。相互扶助社会は、その性格からして、社会統合力が強化された社会でもある。相互扶助社会はいかにして可能であるのか。本節では、この問題にアプローチするため、相互扶助の源泉を、自然的源泉と思想的源泉に分けて論じることにする。

　まず、自然的源泉から見てみよう。

第 2 章　苦難と社会統合

2.1　自然的源泉

　社会を統合し、結合させるものの一つとして、人々が互いに助け合う相互扶助的結合が挙げられる。この相互扶助の源泉の一つとして、自然的源泉がある。最初に、これについて論じていこう。この相互扶助の自然的源泉について具体的に論じている著作としては、柳田國男の『遠野物語』を取り上げてみよう。

　柳田國男の『遠野物語』は、柳田民俗学の原点となった著作である。怪異な話が多く出てくる不思議な著作である。この本は、遠野出身の佐々木喜善から遠野地域に伝わる話を聞いてまとめた著作である。その意味で、柳田による遠野地域の聞き書き記録集である。山の神・雪女・座敷童・河童・狐等の異人や怪異なものが出てくる話、故人と会った話や臨死体験の話などが書かれており、一般的な意味での聞き書き記録集とは言えない。しかし、遠野地域の生活が反映された著作で、山・川・海という自然と生活が関係づけられて、物語が記述されている。狐や河童が出てくるのはその証拠である。海との関係では、津波で亡くなった人の話が出てくるが、この地域はそうした自然災害が多いからである。その意味で、この著作は、生活誌の記録でもある。さらに、臨死体験の話は、結核等の持病があり、死と向かい合う体験をした柳田の実生活を反映している。遠野物語は、津波等の自然災害のもたらす恐怖や、疫病等に起因する死への不安を反映した物語なのである。そうした意味での人間生活の体験記録といえる。こうした自然がもたらす恐怖や不安に立ち向かうため、遠野の人々は、共同一致して神祭りをしてきた。そしてここには、村人による自助と協同の精神が息づいている。厳しい自然生活を乗り越えて生きるためには、村人が心を一つにして相互に助け合う相愛互助の共同体が必要不可欠だった。この相互扶助の精神は、江戸時代の近世村落の「郷党の結合心」や「郷党の懇親」に見られた精神なのであり、この精神こそが西洋から導入した協同組合結合の基礎になると柳田は考えた（藤井、2008、197-200頁参照）。

　次に、宮本常一の『忘れられた日本人』と『庶民の発見』を見てみよう。

宮本は、『忘れられた日本人』の中の「対馬にて」の章で、対馬の「村の寄り合い」では、全員一致による意思決定の方法が取られていたと述べている。村人たちは議論が出尽くすまで話し合いをするため、その意思決定には、何日間もの時間を要するのである。ここには、村落共同体の協同一致の原則がはっきりと示されている（宮本、2009、11-21頁；2007、120-137頁参照）。
　この全員による協同一致の意思決定が行われないと、村の運営に支障が出てくるのである。たとえば、害虫の駆除をするとき、一軒でもこれに従わない場合、害虫駆除ができなくなるからである。協同一致の意思決定に基づく村人同士の相互扶助活動が、村の共同体を支えているのである。川や海の利用等に関わる問題の解決のために、一村を超えた村連合や漁村連合による話し合いが行われる場合もあり、この場合には、協同一致の意思決定に基づく相互扶助活動は、村落連合や漁村連合へと拡張され、地域連合活動になっていくのである。ともあれ、この事例からも、自然に立ち向かい、これに適応するため、相互扶助の精神が立ち上がってくるのがよくわかるのである（宮本、2007、120-137頁参照）。
　次に、思想的源泉について見てみよう。

2.2　思想的源泉

　ここでは、思想的源泉の事例として、アーミッシュの農村共同体、ガンジーの農村国家連合構想、キリスト教の万人祭司制および日本の祭礼における頭屋制や氏子中心型祭礼制を取り上げて論じることにしよう。

　最初に、アーミッシュから見てみよう。
　アーミッシュとは、アメリカ合衆国ペンシルヴェニア州や中西部、カナダオンタリオ州などで生活するキリスト教再洗礼派の流れをくむプロテスタントの一派である。アーミッシュの歴史や社会生活については、1章2.1節で述べているので、そちらを参照してもらい、ここでは、アーミッシュの相互扶助の精神と農村共同体について再度見ておこう。

第 2 章　苦難と社会統合

　2006年10月2日に、アメリカ合衆国ペンシルヴェニア州ランカスター地方のニッケル・マインズ地区にあるアーミッシュの学校が襲撃され、児童たちが銃撃によって殺されたり重傷を負ったりした。犯人は銃撃後に自殺した。事件後、アーミッシュは犯人を赦し、残された犯人の家族を支援したのである。この「アーミッシュの赦し」はアメリカ社会に衝撃を与えたのである。キリスト教平和主義を信条としているアーミッシュは、新約聖書の赦しの教えを実践したのだと主張している。家族を殺されたアーミッシュに心の葛藤がないわけではない。しかし、その葛藤を乗り越えて、その赦しを実践しているのである。赦しは、赦しを与えるものに肯定的感情を残し、与えるものを癒す面も持っている。また、銃乱射事件によってほころびの入った社会を修復する面も持っているのである。アーミッシュにとって、赦しは、被害者の家族だけではなく、アーミッシュの共同体全体の課題なのである。事件の犯人とその家族に対する赦しは、アーミッシュの共同体全体の赦しなのである。事実、犯人家族に対する支援活動やその資金は、アーミッシュ全体で行われているのである。彼らは、赦しの辛苦も皆で助け合えば軽くなることをよく知っているのである。この「アーミッシュの赦し」には、アーミッシュ共同体における相互扶助の精神がよく現れているのである（クレイビルほか、2008、189-220頁、275-281頁参照）。

　アーミッシュのほとんどは農民であるが、農民組合といった団体結社への加入、非アーミッシュ経営の生命保険、火災保険の契約を結ぶことは許されない。死亡、事故、病気といった予期しない出来事が生じた場合には、教区の執事の采配のもと共同体の責任において、当該家族の農作業など一切についての援助を怠らないし、新しくスタートをきる若い農民には、農場購入資金を無利子または低利子で貸し与え、農具、家畜、種子などを送ってその門出を祝う。アーミッシュの共同体においては、火災その他による建物被害に備えて一種の集団保障制度を展開している。アーミッシュは、生命保険や火災保険になぜ入らないのだろうか。それは、もしこれに入ると、彼ら同士の美徳である自立的な相互扶助の実践が困難に遭遇することになるからなのである（坂井、2007、42-43頁参照）。

次に、ガンジーの村落連合国家構想について見てみよう。

ガンジーは、各インドのそれぞれの村がすべての権限を握っている共和国、つまり、パンチャーヤットになることを提唱した（パンチャーヤットの機能や選挙については1章3.1節参照）。

ガンジーの目指す理想郷は、ロシアの無政府主義者のピョートル・クロポトキンの『相互扶助論』に描かれている社会に似ている。村の組織は人間にとって最も自然な組織なのである。村民は最も自然な相互関係を持って、自分にとって最も自然な性格を形成し、村も最も自然な働き方をし、そして平和と秩序を守るためにその村を外から支配・統治する必要はないのである。これは具体的な歴史的証拠に基づいた共和国案なのである。インドの伝統的な村は、村人の「相互扶助」に基づき運営される自立（スワラージ）した自治組織だったからである。この自治組織は外部の組織に依存せず村内で運営されるので、外部の組織と争いが起こる可能性が少ないのである。村を中心としたこの国家案は、彼の非暴力と平和を貫くのに適合した案なのである。その意味で、この政府案は、ガンジーの平和憲法案なのである（ラミス、2009、61-64頁、73-81頁、87-103頁参照）。

非暴力と平和主義を基本信条として掲げ、仲間同士で相互扶助を行うアーミッシュは農村共同体である。それは、自立した農村社会のほうが非暴力主義と平和主義と相互扶助を貫くのに適しているからなのである。ガンジーの非暴力国家論も、農村に基礎を置いた構想である。ただ、ガンジーのこの国家構想は、アーミッシュのように、孤立した閉鎖社会ではなくて、村の主権を重視しながらも、より開かれた村共同体連合の政府を目指す構想だったのである。

最後に、キリスト教の万人祭司制、日本の祭りの頭屋制・氏子中心型祭礼について、それらを相互に比較しつつ、それらの相互扶助結合について論じてみよう。まず第1に、万人祭司制について見てみよう。

万人祭司制とは、キリスト教において、すべてのキリスト信者が祭司であるとする。このマルチン・ルターの主張をクエーカー教徒はさらに徹底的に

推し進めた。彼らは、全ての信徒が互いに牧師の役割を担うのが本筋であると考え、牧師の存在しないキリスト教会を設立したのである。万人祭司制については、その典型例であるクエーカー教について見てみよう。

クエーカー教の創立者ジョージ・フォックスは、人間はだれでも、心の中にキリストの「内なる光」を有していると考えた。そのため、神と人間とを媒介すると考えられてきた宗教的祭司や宗教制度に基づく聖職者は一切必要なく、個人が神と直接的な関係を持つべきであり、神の下に人間は平等で、王政も市民的な階層性も必要ないと主張した。

クエーカー教徒は、先にも述べたが万人祭司制であり、牧師は存在せず皆が牧師の役目を務めている。そして彼らの集会の運営や諸活動は、その信徒集団内において「相互扶助」を貫いて行われている（1章4.1節参照）。彼らの平和主義と友愛の信条に従い、戦争等のために困窮の只中に置かれている世界の人々の救済活動も行った。そのリーダーの一人であるウィリアム・ペンは、クエーカー教の教えに基づき、人権が尊重され、個人の自由が認められ、思想的寛容と平和主義が貫かれる社会作りを提唱し、友愛に基づくフィラデルフィアという非武装都市を建設した（1章4.1節参照）。彼は、諸国家連合規約を締結し、この規約に基づく国際法治により、彼の理想である非武装国家の実現が可能となると考えた。彼のこのアイデアは、現在、国際連合となって具体化している。この意味で、彼の都市建設は、トランスナショナルな構想だった。クエーカーの内なる光という教えには、普遍性を志向する思想が内在されているため、単にローカルなものに留まることはなく、トランスナショナルなグローバル性を生み出した。この思想には、多様な個性と多様なアイデンティティを包容する融通無碍な開かれた共同体を可能にする力がある。

第2に、日本の頭屋制について論じてみよう。

頭屋制は、日本の村落共同体に見られる制度で、祭りにおいて専門の神主が存在せず、その共同体の中で、共同体員の一人が神主の役割を担い、その他の祭りに必要な諸事を共同体員が分担し、共同体員全員が祭りに参加する

制度である。祭りの神主になるのは、その共同体で信任を受けている家の成員とほぼ決まっている場合もあるが、共同体員同士、交代で神主役を分担する場合もある。専門の神主ではなく交代で神主を担う頭屋制は、キリスト教の万人祭司制と基本的には同じである。また頭屋制は、神主が存在せず、村人全員が祭礼のための役割を全員で担うという意味で、クエーカーの共同体と同じであると言える。頭屋制がその村落共同体に限定されているのに対して、クエーカーでは、彼らの共同体に留まることなく、その共同体の外にまでその教えの実践が拡大されているのが違う点なのである。頭屋制の本質は、村落共同体の全成員が心を一つにして共同体のために祭りをする点にある。村の人々は、その祭りにより、氏神や産土神が村を鎮護し村に幸いをもたらしてくれると考えたのである。頭屋制には、村人が村のために協同一致して相互に助けあう相互扶助の共同体精神が典型的な形で具現されているのである（石川、2009、57-62頁参照）。

　クエーカーにおける万人祭司制と日本の村落社会の頭屋制のもう一つの違いは、クエーカーの「宗教的個人主義」と頭屋制の「宗教的集団主義」ないしは「宗教的共同体主義」にある。クエーカーでは、自己を無にすることによって心の内奥で神を感得し、それにより個人個人が神と相向かい合うことになるのである。クエーカーの経験によれば、被造物が沈黙するときにのみ、深い静けさの中で神の御霊の働きかけが行われるのである。ここには、クエーカーの宗教的個人主義が如実に表れているのである。村落社会の頭屋制では、個人ではなく、共同体全成員が心を一つにして祭りを行うという点が大事なのであり、宗教的集団主義がその本質的特徴である。その点から言えば、クエーカーの宗教心は、日本の村落社会の祭祀よりは、むしろ浄土真宗のそれと共振関係にある。すなわち、浄土真宗の開祖親鸞は、「弥陀の五劫思惟の願をよくよく案ずれば、ひとへに親鸞一人がためなりけり」と述べ、個人個人が阿弥陀如来を信じ、各自が弥陀と向かい合うことを説いているからである。ここには、浄土真宗の宗教的個人主義が明確に表現されている。「非僧非俗」を説き、僧が持つ聖なる気持ちを各自が維持しながら、俗世間の中で俗世間の人と同じ仕事をして生きることも、親鸞は強調している。これは、

ルターが説いた万人祭司制の教えの仏教版であると言える（親鸞、2009、87頁、93-94頁；NHKテレビ、「法然と親鸞」、2011年放送参照）。

　第3に、氏子中心型祭礼に言及して、この節を終えることにしよう。
　ここでは、事例として、東京都世田谷区で毎年9月第3土曜、日曜に開催されている世田谷八幡宮の祭礼を取り上げて論じることにしよう。
　世田谷八幡宮は、江戸三大奉納相撲で有名な神社である。世田谷八幡宮の例大祭は、豪徳寺1丁目町内会から2丁目町内会と別の4町内会の6町内に分かれて毎年挙行されている。6町内の合計氏子数は約2万人である。各町内には、それぞれ大人が担ぐ神輿と子ども神輿の2種類がある。神輿を納めてある倉は、世田谷八幡宮の中にある。ここでは、そのうち、豪徳寺1丁目町内会の例大祭を取り上げて論じることにする。
　1丁目の例大祭は、町内員全員が参加し、豪徳寺駅前商店街から世田谷八幡宮までの範囲にわたって大神輿1台・中小の神輿2台・山車・行列の渡御が行われている。祭礼の準備から後片づけに至るまで、10日間ほどかけて行われる。神輿や山車等の祭礼用具とそれらのものを置く御神酒所の準備が整い次第、八幡宮の宮司が町内に赴き、神輿の御魂入式が執り行われる。祭礼の実行組織は、2010年例大祭では、15の役割分担となっている。その内訳は、祭礼委員長1名、祭礼副委員長3名、御神酒所担当12名、祭礼実行委員長1名、祭礼実行副委員長7名と祭一会・勇志会・悌友会、祭礼実行委員は、会計3名、庶務4名、神輿・山車先導3名、神輿・山車14名と、豪徳寺1丁目町会・おやじの会および準備と案内の係となっている。
　準備と案内の係の内訳は、神輿組み立て・解体2名、神輿の水担当3名、交通2名、駅前警備10名、装飾5名、敬老行事4名、子どもの菓子担当4名、おにぎり担当3名、神輿の会の接待7名となっている。祭礼費用は、町内の氏子による奉納金によって賄われている。また祭礼では、敬老を祝う記念行事も併せて行われている。2010年度の祭礼行事の日程は、以下のようであった。

9月11日（土）	午後7時30分	お休み処撤去作業
16日（木）	午後1時	御神酒所集合　御神酒所作り
17日（金）	午後1時	全委員御神酒所集合　御神酒所準備
	午後7時	宮司さんの御魂入式
18日（土）	午前9時	御神酒所集合、奉納受付準備
	正午	敬老記念撮影の準備
	午後1時	敬老記念撮影の受付開始
	午後3時	敬老記念撮影の終了予定
	午後5時45分	城山小学校児童5・6年生有志による城山ソーラン節（豪徳寺駅前）
	午後6時15分	地元有志による神輿渡御（豪徳寺駅前〜商店街）
	午後7時	山下民謡流し踊り（福室庵前〜豪徳寺駅前）
	午後7時30分	越中おわら節（海老名おわら、四季の会）（福室庵〜豪徳寺駅前）
19日（日）	午前8時	神輿準備
	午前9時	御神酒所集合、奉納受付準備
	正午	御神酒所全委員集合
	午後0時15分	全委員渡御出発（子供神輿。山車）
	コース	御神酒所→八幡宮→世田谷小学校裏→豪徳寺中通り 休憩
	午後2時30分	豪徳寺駅ガード→スーパートップ前→御神酒所帰着予定
	午後3時	御神酒所全委員集合
	午後3時30分	大神輿渡御出発
	コース	御神酒所→旧竹軍商店前→乗泉寺→金沢接骨院横→八幡宮

第2章　苦難と社会統合

		休憩
		→金沢接骨院横→セブンイレブン前→
		御神酒所
		休憩
		→山下商店街（御神酒所）→
		豪徳寺駅前→御神酒所
		休憩
	午後7時40分	大神輿渡御終了予定
20日（月・祝）	午前9時	御神酒所片づけ
	午後7時	鉢洗い（祭礼委員長宅4階会議室）

　東京都における例大祭、たとえば、三社祭（浅草神社の例大祭）やくらやみ祭（府中の大國魂神社の例大祭）では、全町内を統括する奉賛会組織が存在するが、世田谷八幡宮例大祭の場合、全町内を統括する奉賛会組織はなく、各町内別の例大祭組織となっている。すなわち、三社祭やくらやみ祭のような一極集中の統合型祭礼組織ではなく、町内ごとに別々の多極分散型祭礼組織となっている。この多極分散型祭礼組織は、町内ごとの独立性が強い組織となっており、町内中心に祭礼が営まれているのである。神社中心ではなく、氏子中心型祭礼組織なのである。フィラデルフィア日本人キリスト教会の運営も信徒中心に行われていた。この点で、フィラデルフィア日本人キリスト教会と豪徳寺1丁目例大祭は、宗教政治において、同じ運営方法が採用されていると言える。ともあれ、豪徳寺1丁目の例大祭では、町内全員参加による祭祀が営まれており、町内会員相互の助け合いによって、この祭りが運営されているのである。町民が互いに助け合いながら、心を一つにして祭りを行うことにより、世田谷八幡宮の神が氏子である町民の利益と幸福安寧をもたらしてくれるとこの町の人々は信じているのである。
　豪徳寺近辺はもともと東京郊外の町であるが、下町風な雰囲気の町づくりを行っている。それは、銭湯や夕方に鳴らされる豪徳寺の鐘の音によく表れている。豪徳寺を菩提寺にし、この近辺の土地や寺院の建立資金を寄進した

のは、徳川秀忠・家光・家綱の3代に仕えた井伊家2代目藩主の井伊直孝である。直孝が鷹狩りの途中でこの寺の前を通りかかったところ、猫が招くのを不思議に思い、この寺の中に入り、お茶を振る舞われ、寺の和尚の法話に耳を傾けていた。そのとき、空がにわかに掻き曇り、大雨となり雷鳴が響き渡り、寺の前の直孝が立っていた所に雷が落ちたのであった。猫の招きによって命拾いしたこの出来事に仏のふしぎな御縁を感じ、直孝はこの寺を井伊家の菩提寺と定めたのである。豪徳寺というこの寺の名前は、この直孝の諡(いみな)である久昌院殿豪徳天英大居士に由来する。「招き猫の寺」として知られるこの寺には、良運や息災延命を願うため、絵馬祈願が行われている。2011年の絵馬祈願では、福島第一原子力発電所の事故が早く収束するようにという祈願が目を引いた。祈願の中には、ハングル・英語・フランス語で書かれたものもあり、グローバル都市の東京らしい国際的な祈願が行われている。また、豪徳寺駅前の商店街では、招き猫伝説に因み、毎年5月第2日曜日に「豪徳寺たまにゃん祭り」というイベントを開催している。この日には、商店の商いのほかに、フリーマーケット・産直野菜コーナー・子ども茶会・綿飴と駄菓子コーナー・昔遊びコーナー・創作料理フードコート・たまにゃんおやじバー等のイベントが行われている。東日本大震災後の2011年の「たまにゃん祭り」には、「頑張るぞ日本！」の標語が掲げられ、被災地に義援金を送るため、手作り品のチャリティーバザーが開催された。また、震災地の産業を支援するため、盛岡・宮城・福島・茨城産の日本酒試飲コーナーとその販売も行われたのである。2010年には、豪徳寺駅前に、この町のシンボルである「招き猫像」が建立されている。このほかにも、この町では、「あきさみよ豪徳寺沖縄祭り」が行われている。この祭りは、この町近辺にある沖縄出身者の女子学生寮の学生と小田急線喜多見駅近辺にある沖縄出身者の男子学生寮の学生が主催者となり、毎年10月第2日曜日と第2月曜日の体育の日の祝日に開催されている。豪徳寺近辺では、このような形で、町づくりに努めているのである。また、豪徳寺駅の周辺は、江戸の風情と下町風情の雰囲気が漂うレトロな町で、そのようなこの町の気風も、豪徳寺の町民同士の相互扶助活動の推進力となっているのである。

3　苦難の神義論

　人類の歴史を振り返るとき、天変地異の災害や戦争や亡国等の苦難に際して、その苦難に耐え、それを克服して生き抜いていくために、その苦難を意味づける思想が生まれてきたのに気づく。その思想により、人類は壊れそうになっている社会の連帯を回復し、社会の再組織化を図ることによって、社会統合を行ってきたのである。その思想から、人々が互いに助け合う相互扶助活動が胚胎するとも言えるのである。ここでは、この思想をマックス・ヴェーバーの宗教社会学の用語を借用して、「苦難の神義論」と名づけることにしよう。本節では、マックス・ヴェーバー・柳田國男・折口信夫の苦難の神義論について論じてみよう。

　まず、マックス・ヴェーバーの苦難の神義論から見ていこう。

3.1　マックス・ヴェーバーの苦難の神義論

　人間には、一切の攻撃衝動を自覚的に引き受け耐え忍び吸収してしまう自己犠牲的な「受苦的な象徴的存在」を見いだし、それに自己をゆだねることによって攻撃衝動を克服しようとする、攻撃衝動の処理の仕方がある。その処理の仕方を、ドイツの新約聖書学者ゲルト・タイセンは、ジグムント・フロイトの精神分析の方法を用いて、「攻撃衝動の象徴化」と名づけた。タイセンは、この自覚的な自己犠牲の典拠として、マルコによる福音書10章の45節の「人の子は仕えられるためではなく仕えるために、また、多くの人の身代金として自分の命を献げるために来たのである」を挙げている（タイセン、1981、180-199頁）。ヴェーバーは著書『古代ユダヤ教』において、この視点からの分析を行っている。次に、それについて見てみよう。

　ヤハウェ派の祭司であるレビびとは、「あなたの隣人を、おのれのごとく愛さねばならない」（レビ記19の18）として、憎悪や「復讐心」を厳禁したが、この国民に対する隣人愛の規定は、「復讐は、神に属することであるから、

神にまかさるべきである」(申命記32の35) という思考法や、神は「復讐」を、人が希望するよりもさらに一段と徹底的にもたらしてくれるという思考法をその背景に持っている。この「復讐は神にあり」という思考法は、政治的には無力の底に沈んでいる平民層の感情世界から生まれたのであり、このことによって復讐心が満たされ和らげられていった。レビびとにとってみれば、復讐を神のために留保したということは、法的領域において「血の復讐」を取り除いたことの当然の倫理的平行現象であったし、隣人愛の断言的命令は、昔の氏族同胞の原則を信仰の原則に基づく兄弟に移したことを意味していたのである。

　神を信じているにもかかわらず、国を滅ぼされ捕囚の身となり、悲惨と貧困と苦難にさらされ、侮蔑的状況に置かれていたユダヤの人々が、「復讐心」の虜になるのは何ら不思議ではない。詩篇の信仰は復讐心に満ちており、復讐願望は、捕囚期および捕囚期以後のほとんどすべての聖典に見られる。

　しかし、ヴェーバーは、ユダヤの人々が苦難にさらされている捕囚期に活動したとされている「無名の預言者」、旧約聖書の預言書であるイザヤ書の40章から55章を著したとされ、イザヤ書の他の箇所を著したイザヤとは別人と考えられるので、第２イザヤと旧約研究者は呼んでいるが、この第２イザヤに対して、「復讐を語ることが最も少なかった預言者」と述べているのである。なぜ、このようなことが起こったのであろうか。この逆説を、ヴェーバーは、次のように説明している。

　捕囚期には、ユダヤの人々の内部で経済的差別が生じてきた。一方には富裕になった人々の無関心と現状への適応があり、他方には、敬虔な貧しい人々の恨み辛みの感情が成長してきた。ことここに至っては、先祖たちの罪に対して民族全体がその責を負わねばならぬとする古い連帯責任の思想は耐えがたかったし、維持することはできなかった。捕囚の只中にある敬虔な貧しい人々の要求に堪えうる新たな説明が必要になった。こうした「苦難」の状態にある人々の要求に応えることのできる新たな説明を提示したのが、第２イザヤであった。元来は、富裕で健康で名望ある人は神の恩恵を受けた人であり、病気や不幸は神の怒りのしるしと考えられていた。捕囚期以前の倫理で

は、貧しき者を敬虔なる者として積極的に評価するようなことはなかった。貧しい者は、人道的義務の対象ではあったが、それ自身で、より高い道徳とか何か宗教的尊厳というものの担い手ではなかった。ところが、この第２イザヤにおいては、富める者は神なき者と同一視されているので、「苦難の僕」は「富める者のごとく」死んだと述べられている。また、この第２イザヤにおいては、苦難や悲惨や貧困や低くあることや醜さが積極的に評価され、神格化されているのである。さらに、第２イザヤこそは、「救済の目標としてユダヤ人の社会的秩序を他の民族の上に置いて語ったり敵に対する復讐を約束したりすることが、他の預言者たちと比較して最も少なかった預言者」なのである。第２イザヤの救済預言の中心にあるのは、「罪なき苦難の意義」なのである。この苦難の担い手である「苦難の僕」において、「苦難の僕」は、彼の苦難のために罪人に数えられたということ、そして、彼は神なき者には属さなかったにもかかわらず、彼らと一緒に葬られたということ（イザヤ書53の12）、まさにそのことによって彼は多くの者の罪を負うたのであるということを、第２イザヤは強調している。その場合彼が犠牲に供せられたということでも、自分を犠牲に捧げたということでもなく、むしろそれ以上に、彼が罪人としてしかも神の怒りの下に立つものとして考えられたということこそが、その苦難のクライマックスなのである。第２イザヤにあっては、救済者は、この死んでいく神の「僕」ではなくて、むしろヤハウェ自身なのであり、この神の僕が罪なくして殉教の死を遂げるということは、ダビデに約束した神の恩恵の履行を可能にする、すなわち、救済を可能にする「手段」なのである。また、この「苦難の僕」では、悲惨や貧困や醜さが宗教的に栄光化して捉えられている。第２イザヤは、賢明なる神の世界統治という普遍的観点の下でイスラエルの「苦難の神義論」を問題としたのであった。こうした問題提起の下において、第２イザヤが苦難や醜さや侮蔑的状況を栄光化させた意味は何であったのか。その全体の意味は、「賤民民族状況の、そしてこの状況の中で忍耐強く持ちこたえていることの栄光化」なのである。このことによって、イスラエル民族とその原型たる神の「僕」とは、この世界に救済をもたらす者にまでなるのである。賤民民族状況それ自身並びにその

従順な忍耐は、その状況が一つの世界史的伝道という意味を受けとることによって、神の前における最高度の宗教的尊厳と名誉にまで高められるのである。かくして、第2イザヤは、苦難というものを世界の救済に役立つべき手段として熱烈に栄光化したのであった。ユダヤ教においては、罪なくして他人のために死んでいく僕という思想は消滅し、苦難につぶやくことなく、逆らわずして耐え忍ぶ態度決定に見られる気分内容だけは、その影響を及ぼし続けた。福音書に見られる「悪には暴力で抵抗してはならない」という思想は、すでにここに存在している。自己卑下や醜さの積極的評価は、後のユダヤ教に影響を及ぼした。「神の僕」、すなわち、罪なくして他人のために死んでゆくという思想は、イエスの十字架上での死をこの思想に基づいて解釈した使徒パウロによって、原始キリスト教に継承されていったのである（Weber, 1966, SS.381-392）。

　罪なくして殉教の死を遂げ世界を救済するという「苦難の僕」の思想には、「復讐心」から「世界の救済」へという転換、すなわち、精神分析の用語を使うならば、「反動形成」による「攻撃衝動の調整」が見られ、これにより、第2イザヤは、「最も復讐を語ることが少なかった預言者」になったのである。神の怒りや他者の攻撃や拷問をすべて引き受けるという「苦難の僕」は、復讐衝動も含む一切の攻撃衝動を引き受ける攻撃衝動の「象徴的存在」ともなっており、これによって、「攻撃衝動の象徴化」がなされていると見ることができる。こうした点からも、第2イザヤは、「最も復讐を語ることが少なかった預言者」になったのである。第2イザヤは、赤貧洗うがごとき状態にあること・見るべき見栄えのない醜さ・人々にさげすまされ侮蔑的状況にあること・罪がないのに責めを受け殺される「苦難」の極みの状態を積極的に評価し、この苦難を「世界を救うための苦難」だと位置づけ、自ら犠牲となり苦難を自覚的に引き受け耐え忍ぶ「受苦的存在」としての「苦難の僕」（イザヤ書53章）の思想を生み出したのである。これによって、状況に対する発想の転換がもたらされたのである。「苦難」を積極的に評価することによって、「苦難」の只中にあるユダヤの人々の傷ついた「誇り」（自尊心）を取り戻させ、彼らの「名誉回復」を成し遂げようとしたのである。第2イザヤのこの

第 2 章　苦難と社会統合

思想は、「苦難」を「世界を救うための苦難」と解釈することによって、「意識のグローバル化」を成し遂げているのである。

「兄弟に対して怒る者は、誰でも裁判を受けねばならない」（マタイによる福音書 5 章の22節）は、殺人と相手に対する怒りとを同列に扱っており、このような過大な倫理規範からみれば、誰も神の戒めを守ることはできず、罪からのがれることはできないことになる。攻撃的な感情が起こることを、人間の意志で抑えつけることはできない。そのような過大な倫理的要求が暗示しているのは、すべての人間は、徹底された倫理規範の前では、この倫理を守ることはできず破綻状態にあるということである。だから、倫理というのは、赦しを伴わなければ倒錯しており、赦しを必要とするということである。イエスは、罪ではなく神の恵みを強調し無条件の罪の赦しを宣言したのである。イエスの弟子たちは、イエスとの交流を通じて、イエスが一切の攻撃衝動を自覚的に引き受け吸収してしまう「受苦的な象徴的存在」であることを知り、戒めを守れないことに対する「自責の念」（自分で自分を責めるので自己の中に取り入れられた攻撃性である）から解放され、自己を肯定的に捉える「自己受容」ができ、復讐心さえも和解や赦しへと変えるという自己変革を可能にしたのである（タイセン、1981、187-199頁）。使徒パウロがイエスの十字架上での死を、第 2 イザヤの「苦難の僕」の思想に依拠して、「苦難の僕」として解釈した結果、このイエス像が形成されたのである。

次に、柳田國男の苦難の神義論について見てみよう。

3.2　柳田國男の苦難の神義論

柳田國男（1875-1962）の『先祖の話』は、太平洋戦争末期に執筆された著作である。この著作では、太平洋戦争の戦没者のことが中心テーマとなって、戦没者がこのままでは祀られることがなく、無縁仏となってしまうことを問題視している。そこで、柳田は、無縁仏や外精霊の鎮魂式である「ホカイ」鎮魂儀礼を取り上げている。「ホカイ」鎮魂儀礼は、戦乱や飢饉により、祀られることがない無縁の霊が増加し、これに対する怖れの念から執り行わ

れるようになったと述べている。「ホカイ」儀礼は、非血縁等の第三者の無縁霊を祀る鎮魂の儀礼なのである。盆は、元来死者を祀り、それによって死に対するわれわれの怖れを鎮め和めるための儀礼であった。それが、死の忌みの捉え方の変化とともに、無縁仏や外精霊の「ホカイ」をも先祖として含む先祖祭となったと柳田は捉えている。先祖を迎え歓待する儀式である盆には、この無縁仏に対する鎮魂の意味も含まれていると、柳田は考えているのである。

　柳田は、盆儀礼と「ホカイ」儀礼のこの関係づけを、「ホカイ」儀礼が、不定数の参加者を前提としたものであること、また、この「ホカイ」儀礼は、戦乱死や食物の欠乏で餓死する人々の鎮魂の儀式であり、ここから盆儀礼が生まれたと主張し、次のように述べている。

　　「ホカイがただ心ざす一座の神または霊のみに、供御を進めるだけの式ではなく、周囲に不定数の参加者、目に見えぬ均霑者(きんてん)ともいうべきものを、予期していたらしいことが推測せられる。」(柳田、2010b、「先祖の話」、115頁)

　　「ところが過去の歴史を振り返ってみると、今とは違ってわずかな戦乱があっても人が四散し、食物の欠乏が少し続けば、道途の上に出て斃(たお)れ死ぬ者が多かった。家の覆没して跡を留めぬものも、算えるに違なき実情であったのである。先祖は必ず子孫の者が祭るということを知りきっていた人々は、このいわゆる不祀の霊の増加に対して、大きな怖れを感ぜざるを得なかった。……古来の我々の先祖祭は、大変煩わしいものとなり、毎年この季節が来るとさまざまの外精霊、無縁ほとけ等のために、別に外棚(ほかだな)、門棚(かどだな)、水棚などどいう棚を設け、または先祖棚の方脇に余分の座をこしらえて、供物を分かち与えることを条件としなければならぬようになった。墓は元来が先祖の祭場だったのだけれども、そこも屋外であるゆえに内外の境が立てにくく、せっかくそれがあるのにふたたびまた家の奥の間まで、先祖さまを迎えて来るか、そうでなければこの周

囲の群霊の供養に、重きを置かなければならぬことになった。それが奥羽や四国の隅々に伝わっているホカイであり、また盆という名称のよって来たるところでもあったと、私は言おうとしているのである。」(同前書、126-127頁)

　葬送儀礼が終わり、喪が明け物忌みが終了すると、生者は日常生活に戻り、死者の霊を忘却する。それとともに、死者の霊魂は、浄き場所である山に行き、盆や正月に、私たちの住んでいる平地に戻ってくるのである。死者の霊は、死後33年を過ぎると神となり、一定の年月を過ぎると死者の霊である祖霊は個性を捨てて融合して一体となると人々は考えてきたのである。祖霊は、この国土の中に留まり遠くへは行かないのである。草葉の陰で私たちを見守っているのである。
　これについて、柳田は、次のように述べている。

「つまりは一定の年月を過ぎると、祖霊は個性を棄てて融合して一体になるものと認められていたのである。これと同じ考え方が中央部にもあったということは、この方面からはまだ立証し得ないが、少なくとも三十三年はこちらでも大きな区切りであった。……死後ある期間再び人間に出現しなかった霊が、永く祖神となって家を護り、またこの国土を守ろうとするものと、昔の人は考えていたのかも知れない。」(同前書、133頁)

「ここに四つほどの特に日本的なもの、少なくとも我々の間において、やや著しく現われているらしいものを列記すると、第一には死してもこの国の中に、霊は留まって遠くへは行かぬと思ったこと、第二には顕幽二界の交通が繁く、単に春秋の定期の祭だけでなしに、いずれか一方のみの心ざしによって招きまねかるることがさまで困難でないように思っていたこと、第三には生人の今わのときの念願が、死後には必ず達成するものと思っていたことで、これによって子孫のためにいろいろの計画

を立てたもののみか、さらにふたたび三たび生まれ代って、同じ事業を続けられるもののごとく、思った者の多かったというのが第四である。」（同前書、165-166頁）

　太平洋戦争のときに見られた日本兵士の生死を超越した殉国の至情には、こうした「常民」の常識である死生観が隠れて大きな働きをしているのだと柳田は指摘しているのである（同前書、164頁参照）。
　日本人の霊魂観にはこうした特徴があるが、霊魂が私たちの身近であるこの世に留まるというこの死生観は、中国哲学史家の加地伸行の研究『沈黙の宗教──儒教』によれば、日本固有のものではなく、儒教の死生観に由来するものとされている。この先祖祭である盆祭に無縁仏鎮魂儀礼である「ホカイ」の儀礼が含まれていることを発見することにより、柳田は太平洋戦争の戦没者の霊魂救済ができると考えたのである。そのために、これまでの考え方である直系の子孫でなければ祭祀ができないとする「一代人の思想」を改めることを主張している。たとえば、死者が跡取りなら世代に加え、弟なら初代として分家にすることを提案している。これにより、死者を直接知っている人がいなくなっても祀ってもらえるようになるからである。また、戦没者が無縁にならないために、国難に身を捧げた戦没者を始祖とするイエを数多く作ることも提唱している。具体的には、オバ姪、あるいはオジ甥相続法や非血縁者に家名を継がせることを提言している（柳田、1990、149-150頁）。これは、柳田が、「イエ」の本質を「村もしくは組合の非血縁の団結」（同前書、「オヤと労働」、528頁）に求めていることから出てくる発想とも言える。柳田は、日本の家族制度を、複数の非血縁者が「オヤ」となって子どもを見守る慣習になっている制度であると捉えている。ここから、戦没者追悼が「イエ」を基礎として行うことができると柳田は考えている。このように、柳田の「イエ」概念は、非血縁者を含む概念であるが、血縁が主体となっているのであって、非血縁者のみの集団を意味する概念ではない。それは、「郷土」を背景に持つ非血縁者を含む概念であり、その意味で血縁と地縁の紐帯を基礎とする概念なのである。この地縁血縁に基づく柳田の「常民」概念は、「先

祖教」をその根底に持つ発想なのである。ともあれ、柳田は、「ホカイ」の鎮魂儀礼概念と「イエ」の祭祀概念および「常民」の死生観を結合させることによって、太平洋戦争についての苦難の神義論を展開したのである（石川、2009、48-51頁、73-80頁、210-211頁；加地、2011、22-32頁参照）。

最後に、折口信夫の苦難の神義論について論じて、この節の結びとしよう。

3.3 折口信夫の苦難の神義論

折口信夫（1887-1953）は、太平洋戦争の敗北の原因を、日本人が自分たちの神に対して宗教的情熱がなかったことにあると考えていた。これに対して、アメリカ合衆国の青年たちは、この戦争をエルサレム回復のための十字軍のような情熱を持って臨んでいたのではないかと、折口は推測していたのである。このことについて、折口は、次のように述べている。

> 「その人達のお話しの中の、『或はあめりかの青年達は、我々と違って、この戦争にえるされむを回復する為に起された十字軍のような、非常な情熱を持ち初めているかも知れない』という詞を聴いた時に、私は愕然とした。何故なら、日本人はその時、日本人の常に持っている露悪主義が世間に露骨に出て、戦争に疲れ切っていた時だったからである。そうして日本人はその時、神様に対して、宗教的な情熱を持っていなかった。我々にも、十字軍を起すような情熱はないのだ。」（折口、2011、47頁）

太平洋戦争中の日本人の信仰は、奇蹟のみを信じるという利己的なもので、神を宗教情熱的に心底信じるということがなかったのである。若者の心は荒れ、世の中に礼儀や礼譲のような宗教的様式がすっかりなくなってしまったのである。そのため、日本の神々もアメリカに敗北してしまったと、折口は考えているのである。折口は、このことについて、次のように述べている。

> 「我々は様々祈願をしたけれど、我々の動機には、利己的なことが多かっ

た。そうして神々の敗北ということを考えなかった。我々は神様がなぜ負けなければならなかったか、と言う理論を考えなければ、これからの日本の国民生活は、めちゃめちゃになる。私どもは今でもひょっとすると、どうして敗けたかと言うことを考えることがある。それは我々の永い幸福な生活の歴史から離れた、悲痛な現実が考えられるのだ。現在の境遇が現実と信じられなく思うこともある。それほど我々は奇蹟を信じていた。神を宗教情熱的に信じていなかったのに、奇蹟を信じていた。しかし、我々の側には一つも現れず、向こうばかりに現れた。それは、古代過去の信仰の形骸のみによって、心の中に現実に神の信仰を持っていないのだから、敗けるのは信仰的に必然だと考えられた。つまり神の存在を信じない人ばかりになった国である。若い時代を背負う人々の心は荒れて、世の中に礼儀や礼譲がなくなって来た。昔は日本では、長い間礼譲が行われて、道徳を愛好する人が、たくさんいると考えられたほど、正義の生活が続いた。我々の生活から、すっかり宗教的な様式がなくなっていることが訣った今度の戦争である。」（同前書、48頁）

　日本の神が敗れたということは、われわれが宗教的な生活をせず、われわれの行為が神に対する情熱を無視し、神を汚したから神の威力が発揮できなかったのである。つまり、神々に対する感謝と懺悔とが、足りなかったからであるとも述べている（同前書、49頁）。
　それは、神道が国家政策と癒着したままで、真の宗教になっていなかったためであると、折口は考え、これを是正するため、神道宗教化を提唱している。折口は、神道の理論神学を確立することが急務であると考えたのである（同前書、58-59頁）。
　それでは、第二次大戦以降の神道の神学は、どのような道を歩めばよいのだろうか。この問いに対して、折口は、神道が「民族教」から「人類教」へと脱皮を遂げ、神道普遍化を目指すことを提唱するのである。彼は、神道がグローバルな世界宗教へと飛躍をしていくことが、これからの目標であると考え、戦後、その道は可能になったのである。なぜなら、天皇が人間宣言を

第2章　苦難と社会統合

し、それによって、神道と宮廷との特殊な関係がなくなり、神道が世界宗教になる可能性が開かれてきたからである。戦前は、宮廷と神道が緊密に結びついて考えられてきたため、神道は国民道徳の源泉だと考えられ、あまりにも道徳的に捉えられてきたのである。この国民道徳と密接な関係にある神道が、世界宗教になるのは困難なのである。このことについて、折口は、以下のように述べている。

> 「神道と宮廷とが特に結ばれて考えられて来た為に、神道は国民道徳の源泉だと考えられ、余りにも道徳的に理会されて来たのである。この国民道徳と密接な関係のある神道が、世界の宗教になることはむずかしい。それはだんだん人類とは遠のいた道徳となり、世界の人に関係の少ないものになってしまう。そんな神道が世界的な宗教となるべき筈はないのである。宮廷と結びついた神道は、こんな不都合な点を持っていた。しかしながら天皇は先に自ら「神」を否定し給うた。それにより我々は、これまでの神道と宮廷との特殊な関係を去ってしまった、と解してよい。……神社人の方々は、天皇御自ら神性を御否定になったことは神道と宮廷との特別な関係を去るものであり、それが亦、神道が世界教としての発展の障碍を去るものであることを、理会されるであろう。」（同前書、42頁）

また、折口は、天皇を、「みこともち」すなわち、神の言葉を取り次ぐ人としても捉えている。これは、天皇が人間であることに対応した概念づけである。「みこともち」は、神の言葉を預かる人である一神教の古代ユダヤの預言者を連想させる概念づけなのである。天皇は、神の言葉を預かる器にすぎないので、その点を強調すれば、「天皇非即神論」になる。神の言葉を預かり、取り次ぐ人は、それにより、聖なるものへと変貌を遂げる。その神と人との一体性に力点を置くと「天皇即神論」となる。

このように、両方に解釈される面はあるが、この概念づけは、戦後の象徴天皇制に対応したものだと言えよう（同前書、112-113頁、332-333頁参照）。

その他に、折口は、神道の中に、現在、罪障観念がないことを取り上げ、これを神道の神学に付け加えることを強調している。折口は、苦しみながら、罪を背負う神観念が昔は日本にあったのであり、この神観念を取り戻すことが大切であると主張している。折口は、このことについて、以下のように述べている。

　「記紀を見れば古代人の苦しみが訣って来る筈であるが、日本人の苦しんだ生活を考えようとはしなかった。神道が他の宗教と違う点は、その中に罪障観念がないことである。」（同前書、43頁）

　「神人の廻国は、信仰を勧めに行くと言ふのみではなく、自分等の贖ひをすべき材料を、その神人が人々の贖罪を負担してくれるのであると言ふ考へが生じ、提供すれば、その神人が属する社は罪なり穢れを償ふ様な形をとり、更に解釈が変つて、代参の考へとなつて落ち著く事となるのである。……ともかく諸国を廻る大神楽には贖罪観念が含まれてゐて、人々に代つて穢れを引き受けて本地に帰ると言ふ考へがあつたに相違ないと思ふ。この考えは、……個人が多くの人の為に、代つて贖罪をする事があるから生じて来るのである。」（折口、1996、「神道に見えた古代論理」、105-106頁）

　折口の苦難の神義論は、神道の普遍宗教化を志向したものであった。神道が、民族宗教から人類教へと飛躍を遂げるため、戦後のグローバルな世界環境に適応した神道の理論神学の確立を目指したのである。この新たな神道神学の構築により、戦後日本の新たな価値づけを行い、アメリカとの敗北から日本が立ち直るための精神的礎を築こうとしたのであった。この発想が可能となったのは、日本の外から来訪して日本の民に幸福をもたらすとともに悪事に対して反省を促す「マレビト」神が、日本の根底にある神であると折口が考えていたからである（折口、2010、24-38頁：2007、34-35頁参照）。この「マレビト」概念は、郷土や共同体に自閉した概念ではなく、グローバル

な開かれた共同体の発想を本質とする人類教へと繋がっているのである。この点で、血縁と地縁を主体と考える柳田の「常民」概念、すなわち、「先祖教」とは異なっているのである。

4　苦難と社会統合の関係

　2節では、人々が互いに助け合う相互扶助活動の源泉として、自然的源泉と思想的源泉があることを論じてきた。自然的源泉では、人々を取り巻く自然環境の厳しさに立ち向かい、適応していくため、人々はお互いに助け合う相互扶助活動を行ってきたことを論じ、思想的源泉では、人々が生活を行う中で育まれてきた思想である「教え」が相互扶助活動の源泉となり、起動力となっていることを論じた。相互扶助活動は、人間が自然に適応して生きていくために生まれてきたものであるとともに、社会生活を営む人間が生み出す思想である「教え」からも生み出されてくるものなのである。現実の相互扶助活動は、この両面が互いに結びつきながら展開されているのである。3節では、相互扶助の思想的源泉の中から、人類が苦難に直面したとき、これに耐え生き抜いていくために生み出されてきた思想、すなわち、苦難の意味づけ論としての「苦難の神義論」を特に選び、これについて論じてきた。3節で取り上げた苦難の神義論に共通するのは、亡国や敗戦という国難に直面したときに生み出されてきた思想であるということである。この「苦難の神義論」は、国民に苦難の意味づけを与えることによって、そのまま放置しておけばばらばらになってしまいかねない国民を再結合させ、社会を再組織化することによって、社会統合を行う役割を果たしてきたのである。

　4節では、この「苦難と社会統合」の関係について論じることにする。この関係について検討を行うため、本節では、この関係を、「思想と社会統合」と「災害と社会統合」の2つに分けて見ていくことにする。最初に、「思想と社会統合」の関係について見てみよう。

4.1　思想と社会統合

　3節で論じてきた「苦難の神義論」は、苦難と社会統合を結びつけるための媒介となる思想である。この「苦難の神義論」は、一面では、社会統合の機能を有しているという点で共通する側面を持っていると言える。が、他面では、その思想の社会統合力は、国家内にのみ留まる社会統合力なのか、それとも、国家の枠を越えて世界性を内在させているグローバルな社会統合力なのかという点で違った側面を持っているのである。類型的には、「国内的な苦難の神義論」と「世界的な苦難の神義論」に分かれるのである。マックス・ヴェーバーは、旧約聖書の預言書であるイザヤ書を分析し、その書物の中で、第2イザヤと呼ばれる人物が書いたとされている箇所では、古代ユダヤの民の亡国状態の苦しみを、世界を救う苦難として意味づけ、その象徴的存在として、苦難を一身に背負う「苦難の僕」の思想が展開されていると論じている。この第2イザヤの思想は、「世界的な苦難の神義論」である。また、日本の敗戦の原因を、神道が民族内に留まり、普遍性が欠如していたために、日本人には心底からの宗教心が生み出されてこなかったことにあると捉え、神道の普遍宗教化を達成するため、神道の理論神学を探究した折口信夫の苦難の神義論も、「世界的な苦難の神義論」であると言える。柳田國男も、折口と同じく敗戦の意味を探求し、太平洋戦争で非業の死を遂げた戦没者の意味づけを行ったのである。柳田は、戦争や飢饉で非業の死を遂げた無縁霊や外精霊を弔う「ホカイ」儀礼が盆儀礼であること、それゆえ、これらの非血縁者の非業の霊も先祖霊にほかならないとすることによって、非血縁をも含むイエ概念に戦没者を包摂した苦難の神義論を展開したのである。柳田の苦難の神義論は、血縁のみではなく、非血縁をも含めた近代的で開明的な思想であると言える。が、他方で、この神義論は、郷土にその基礎を持つ地縁概念を前提にするものであるため、国内に留まる「国内的な苦難の神義論」となり、「世界的な苦難の神義論」にはならなかったのである。ともあれ、この3つの苦難の神義論は、人々が相互に助け合う相互扶助活動の起動力になる思想であるという点では共通しているのである。このように、戦争や革命

第2章 苦難と社会統合

等による苦難は、この苦難を克服するために、この苦難に耐え生き抜いていくための思想を胚胎させ、それにより人々を結束させ、人々の相互扶助活動を促し、社会統合を推進していく契機になるのである。

　次に、フランス革命とそれ以降の混乱を収拾するため、新たな思想の定立を提唱したサン=シモンの「新キリスト教思想」とオーギュスト・コントの「社会再組織化思想」を取り上げ、これについて論じてみよう。
　最初に、サン=シモン（1760-1825）の「新キリスト教思想」について、その梗概を眺めてみよう。
　サン=シモン当時のフランスでは、啓蒙思想の批判的理性に基づき、アンシャン・レジーム批判が行われ、それによってフランス革命が達成されたのである。しかし、その理性は、批判と破壊の理性にすぎなかった。建設的で創造的なものでは決してなかったのである。それは、革命後の社会の混乱状態、すなわち、国の基であるべき憲法が次々に塗り替えられたり、革命の同士たちをギロチンで次々に殺戮したロベスピエールの恐怖独裁政治等に如実に現れている。理性により一挙に新社会の秩序が生まれると考えた啓蒙理性の限界が露わになったのである。旧体制を支えていた王政貴族層と聖職者層の思想である古い保守的なキリスト教思想が断罪され、捨て去られ、それに代わる思想として理性崇拝が叫ばれたが、それは流血沙汰を伴う野蛮な堕落した破壊的理性にすぎなかった。
　この混乱を収拾し、社会を再建するための社会再組織化思想を展開したのがサン=シモンであった。
　サン=シモンは、理性によって一挙に新社会の実現を夢想した啓蒙思想にこの混乱の原因を求めている。彼は、この混乱という苦難の克服策として、社会観察による実証精神に基づき、社会再組織化計画を立てることを提唱している。彼は、これを通じて、新社会秩序を一歩一歩実現していく漸進的社会思想を構想したのである。彼は、「産業者の教理問答」や「新キリスト教」と題された論文を晩年に執筆している。この2つの論文で、彼は、フランス革命後の社会で主導的な役割を演ずるのは、社会の大多数を占める物的生産

ならびに知的精神的な生産を行う生産者階級としての「産業者」であると主張している。彼にとって、「社会の再組織化」とは、この「産業者」による「産業機能の組織化」にほかならなかった。これにより、公共財産は大多数者のために管理され、最大多数の最大幸福が実現されるのである。この発想は、彼が、人間関係の変革であるフランス革命と、人間と自然との関係の変革である産業革命という二重の革命を経験したことから生まれてきたのである。

　サン＝シモンは、「新キリスト教」で、啓蒙思想家の理性崇拝に対して、原始キリスト教の根本思想である「隣人愛思想」を対置し、この原始キリスト教思想を実現する社会組織として、「産業者」による「社会再組織化」を構想しているのである。この再組織化により、人間同士が「兄弟として互いに愛し合う」ための基が築かれるのである。彼は、「産業者」が公共財産を管理することにより、社会の最底辺にいる人々の生活を改善することができると考えている。これにより、社会の中で最も弱い立場にある者が最も大切にされるという原始キリスト教思想が実現するのである。彼は、産業者が公共財産を管理するためには、この道徳思想が不可欠と考えていた。彼は、教皇レオ10世以前のカトリックにはこのイエスの説いた宗教道徳思想である「隣人愛思想」が残っていたが、レオ10世以後は堕落してしまい、このカトリックの堕落をルターが批判したと述べている。だが、ルターはこの堕落を批判しただけで、隣人愛を実現するための社会組織を実現することはできなかったと述べている。そこで、隣人愛を実現するための「相互扶助組織」として、産業機能を組織化する「社会再組織化」思想を提唱している。中世には、世俗の権力である王権と精神的権力としての教権があり、精神的権力のチェック機能により王権の横暴がコントロールされ、道徳秩序が保たれてきたのであるとし、フランス革命後の社会においても、この精神的権力の機能を持つことが必要であると、彼は考えたのである。このため、彼は原始キリスト教の根本精神である隣人愛思想を受け継ぐ「新キリスト教」を提唱している。サン＝シモンは、「社会再組織化」のためには、社会道徳の根源である「宗教的なもの」が必要だと考えた。この宗教思想により社会が再組織化され、社会統合が可能となる。宗教思想は、隣人愛という社会目的を与え、そこから、

それを実現するための社会組織が生まれ、社会が統合される。この宗教に基づく社会統合は、暴力ではなく、イエスが説いたように、平和的な手段で実現される。それは、説得と立証によって実現される。科学者や芸術家や産業者集団は、生産者集団であるとともに、宗教的なものを付与する思想集団でもある。そこでは、テリックシステムと経済システムが一体となっているのである。これにより、暴力的手段を行使する野蛮で堕落した啓蒙思想の理性が再建され、再生された理性となるのである（サン＝シモン、2001、10-233頁、238-313頁；前掲書解説、337-357頁；清水編、1999、7-27頁；宇野ほか編、2011、63-94頁参照）。

　次に、オーギュスト・コント（1798-1857）の「社会の再組織化思想」について論じてみよう。
　サン＝シモンの弟子、オーギュスト・コントもまた、フランス革命と産業革命という二重の革命の中で思想形成を行った思想家である。フランス革命後の社会の混乱状態を直視し、社会再建のための思想を探究したのである。この探究の過程で、彼は、「社会再組織のための科学的作業のプラン」という論文を執筆したのである。この論文は、師のサン＝シモンの依頼を受けて書かれた論文であり、『産業者の教理問答』の第3分冊、「実証政治学大系」に掲載されたものである。コントは、サン＝シモンの主張する「社会の再組織化」には、科学的能力を駆使して一般理論の改造を目的とする作業と、文学的能力と芸術的能力を用いて社会的感性を刷新する2種類の作業があるが、そのうち、この論文では、前者の科学的方面の部分を体系化することを目的とし、以下のように述べている。

　「社会の現代の再組織は、相異なっているが同等に重要な性格の二種類の精神的作業をおこなわなければならないという、サン＝シモン氏によって述べられた哲学的考えを、私は完全に採用した。その一つは、科学的能力の使用をぜひとも必要とするものであって、一般理論の改造を目的とするものであり、文学的能力と芸術的能力とを活動させなければなら

ぬもう一つの作業は、社会的感性の刷新にある。
　サン=シモン氏の生涯は、十九世紀に課せられた哲学的大作業のこれらの部門を効果的に開拓できるようにするために必要な主要概念を発見することに投じられた。サン=シモン氏の根本思想を長い間じっくり考えた末に、私はこの哲学者の諸洞察のうちの科学的方面にかかわる部分を体系化し、発展させ、完成させることに、もっぱら打ち込んだ。この仕事は、今日私が思想家たちの判断に供し始めている、実証政治学の体系の形成をもたらした。」(サン=シモン、2001、192-193頁)

　フランス革命当時のパリには、フランスの秀才が学ぶ学校として、文科系のエコール・ノルマール・シュペリュールと理科系のエコール・ポリテクニックがあった。コントは、このうちエコール・ポリテクニックで数学を学んでいた学生であった。このため、彼は、理科系の科学的方面の知識が豊富であったので、その知識を生かして社会再組織のための一般理論の構築に全エネルギーを注いだのである。コントは、彼の作業を、サン=シモンが上記著作で意図したプランの一部であると認識していたが、師のサン=シモンには、コントのこの試みが、実証主義哲学に過度に依拠し、科学者の役割を過大評価し、その大本である根本思想を欠落させていると受けとめられたのである。
　「新キリスト教」で論じたように、サン=シモンにとっては、お互いを兄弟として思いやる「隣人愛」思想が根幹なのであり、それを実行に移すための具体的作業に奉仕する学として、「社会再組織化」の学が構想されているのである。サン=シモンは、この「宗教的なもの」を実現するための学として、実証政治学と実証経済学を提唱しているのである。この意味で、サン=シモンの実証社会科学は、道徳についての実証科学なのである。コントの「社会再組織のための科学的作業のプラン」では、この「宗教的なもの」が抜け落ち、「実証主義の科学」こそが根幹とされ、この思想こそが、旧体制のキリスト教思想や新秩序を一挙に実現できると思い込んだ拙速の啓蒙理性に取って代わる思想だと主張されているのである。サン=シモンは、コントのこの論文について、これまでの西洋哲学思想の潮流には、プラトンとアリストテ

レスの思想があり、自分はこの両思想をともに大切だと考えるが、コントは、当時主流のアリストテレス思想に立脚して、プラトン思想は認めず、そのため、感情的なものや宗教的なものの重要性を認めないのであるという批評を行っている。このことについて、サン＝シモンは、以下のように述べている。

「我々が構想した体系においては、産業的能力が第一位にあるべき能力である。産業的能力は、他のすべての能力の価値を判定し、それらの能力を全て産業の最大の利益のために働かせるべき能力である。

アリストテレスの方向の科学的能力とプラトンの方向の科学的能力とは、産業者によって同等に有用なものと見なされるべきであり、したがって産業者は両者に同等の尊敬を払い、両者に活動手段を同時に配分すべきである。

以上がわれわれの最も一般的な考えである。この考えはわれわれの弟子の考えとはかなり異なっており、彼はアリストテレスの見地、つまり、今日物理・数学アカデミーによってとられている見地に立った。したがって彼は、アリストテレス的能力をあらゆる能力のなかで最高なものと、唯心論ならびに産業的能力と哲学的能力の上位に立つべきものとみなしたのである。

上に述べたことの結果として、われわれの弟子は、われわれの体系の科学的部分しか扱わず、われわれの体系の感情的および宗教的部分を少しも説明しなかった。」（同前書、188-189頁）

コントは上記の論文で、実証科学は「啓示の力ではなく証明の力」に依拠しているのであり、実証科学者の証明を信頼すればよいのであって、信仰は必要ないと主張している。

コントは、これについて、以下のように述べている。

「天文学や物理学や化学や生理学においては、権威ある人々の定めた原理を信頼しないのが愚かしいことは自明であるから、その意味でこれら

の学問に信仰の自由はない。」(清水編、1999、57頁)

　コントがこの論文を公刊したことにより、サン=シモンとコントの思想の違いが露わになり、両者はこれ以後、袂を分かつことになるのである。
　両者の共通点は、自由主義思想に反対した点にある。自由からは社会統合は決して生まれない。社会統合は、社会契約の目的を定め、その目的に沿って社会を再組織化し、個人個人をコントロールすることによって生まれるのである。個人個人が自由に行動するとき、個人個人はばらばらなままであり、繋がりを持つことはできないのである。中世の神学時代には軍事、近代の実証主義時代には産業を目的として社会組織が構成されるのである。中世と近代の中間にある形而上学時代の自由主義的思想家は、批判と破壊はするが、この社会契約の目的を設定できないのである。これがフランス革命後の混乱の原因なのである。この社会契約の目的が設定されることによって、初めて社会は統合されるのである（宇野ほか編、2011、79-80頁参照）。
　このことについて、サン=シモンは、次のように述べている。

　「こう想定した場合、社会契約の目的は自由の維持を保障することである、ときっと人は言うであろう。だが、これはまったくの循環論であり、かつまた過渡的な事態をば構成されるべき体制と取り違えたものである。
　自由の維持は、封建的で神学的な体制が何らかの力をまだ保持していた間は、第一に配慮しなければならぬ事柄たらざるをえなかった。なぜなら、その当時は、自由が絶えず重大な攻撃にさらされていたからである。しかし今日では、産業的で科学的な体制の確立に取り組みながら同じような心配をする必要はもはや決してない。なぜなら、この体制は世俗的領域にも精神的領域にも最高度の社会的自由を、まったく必然的に、また自動的に、もたらすはずだからである。このような事態にあっては、もはや深刻な危険をもたらしえないであろう攻撃から自由を守るためにだけ当てられた政治的手立てを大々的に講じることは、風車を相手にしたドン・キホーテの戦いとまったく同じようなものであろう。

第2章　苦難と社会統合

　加うるに、いかなる場合においても、個人的自由の維持は社会契約の目的となりえない。自由は、正しい観点から考察すれば、文明の一結果であり、文明と同様に前進的なものであるが、しかし文明の目的とはなりえないであろう。人は自由であろうとするために協同することは決してない。未開人は狩をするため、戦争をするために協同するが、自由を手に入れるために協同することは確実にない。なぜなら、自由を手に入れるためだったら、彼らは一人のままでいた方がずっとよいだろうからである。繰り返して言うが、活動には目的が必要であり、自由は活動の目的とはなりえないであろう。なぜなら、自由は活動目的を前提とするからである。真の自由は、協同体の中で何もしたくないなら無為に過ごすということにあるのでは決してない。そのような傾向は、それが存在するところではどこでも、厳しく抑制されなければならない。自由とは、そのようなものとは反対に、協同体にとって有用な世俗的または精神的能力を、何の拘束も受けずに、できるだけ最大限に、発展させることにある。」（サン＝シモン、1988、「産業体制論　第一部」、30頁）

上記のことについて、コントは、以下のように述べている。

　「一握りの人のためのものであろうと、数百万人のためのものであろうと、社会組織というものはすべて、個々の力を全部、総合的活動目的のほうに向けることを究極の目標とする。総合的な、結び合わされた活動が行われるところにしか、「社会」は存在しないからである。それ以外のどんな仮説でも、同一地点に、ある数の人間がただ集まっているにすぎない。人間の社会と他の群居動物との違いはここにある。
　上の考察からわかるように、活動目的をはっきり、正確に決定することは、それが組織全体を構想する方向を定めることになるのであるから、本当の社会秩序の第一の、そして最も重要な条件である。
　他方、一人ひとりの個人と同じように、構成メンバーがいかに多くても、社会には二つの活動目的しかあり得ない。一つは自己以外の人類に

対する暴力的活動、すなわち征服であり、もう一つは人類の福祉のために自然を改造する活動、すなわち生産である。このいずれかの目的に向かってはっきりと組織されていないような社会は、折衷的な無性格な連合にすぎない。旧組織の目的は軍事であったが、新組織のそれは工業である。」(清水編、1999、67頁)

このように、サン＝シモンは、隣人愛という宗教的な目的を基礎とし、これに実証科学による証明という知見が加わることによって社会が組織化され、社会統合が行われると考えたのに対して、コントは、信仰は必要ではなく、実証科学による証明を信頼することを基礎として、社会が組織され、社会統合が行われると考えたのである。これは、科学者を無条件に信頼するという主張である。しかし、科学者が人体実験や核兵器開発等の残虐な行為をしてきたことを知っているわれわれは、この主張を受け入れがたいのである。科学者や科学を利用する人たちが「知恵ある悪魔」になることがあるからである（宇野ほか編、2011、80-82頁参照）。

最初、科学主義とも言うべき思想に立っていたコントも、晩年、クルティルド・ド・ヴォー夫人と出会い、胸の病に冒され、夫から見捨てられたこの美しい女性を愛するようになった経験により、「愛」を基礎とし、これに実証科学の知見を加味する社会思想を展開するようになった。彼は、ド・ヴォー夫人を宗教的なシンボルとし、人類の福祉のために貢献してきた偉大な人々を称える「人類教思想」を提唱するようになったのである。そして最晩年には、「宗教的なもの」が社会目的を定め、それに科学の知見が加わることによって、真の意味での社会統合が行われるという思想に到達した。

次に、「災害と社会統合」について論じて、この節を終えることにしよう。

4.2　災害と社会統合

災害が既存の社会秩序を破壊し、その中から新たな社会統合の気運が起こり、相互扶助社会が生み出される場合がある。アメリカ合衆国のノンフィク

ション作家、レベッカ・ソルニットは、『災害ユートピア——なぜそのとき特別な共同体が立ち上がるのか』の中で、災害時に生み出される相互扶助社会の諸事例について述べている。ここでは、その中から、1906年のサンフランシスコ大地震と1985年のメキシコ大地震の事例を取り上げて論じてみよう。

サンフランシスコ大地震は、1906年4月18日午前5時12分に発生した。それはサンフランシスコ市の沖を震源とした大地震で、その被害は甚大だった。約1分間の激震がサンフランシスコ市を襲い、地盤の悪い場所に立っていたビルの多くを倒壊させ、給水本管やガス管を割り、路面電車の線路をねじ曲げ、墓石を傾けた。直後に火災が起こり、焼失面積は8キロ四方近く、焼失した建物は約2万8000棟であった。自治体の建物のほぼすべてと、ダウンタウンの建物の多く、大邸宅、中流住宅、スラム街の住宅、チャイナタウンの密集した住宅と商店、新聞社や倉庫が焼け落ちたのである。

そのときの市民の反応の一つの例として、地元新聞は中年の小太りの美人ミセス・アンナ・アメリア・ホルスハウザーの「スープキッチン」についての記事を掲載している。彼女は、1000エーカーもある広大な公園、ゴールデンゲートパークで、毛布とカーペットとシーツを縫い合わせたテントを作り、子ども13人を含む22人に、雨露をしのぐシェルターを提供した。彼女はさらに飲み物用に空き缶を1つと食べ物用にパイ皿1枚で、小さな「スープキッチン」を始めた。この彼女の行為を支援する人たちが現れ、町中の壊れた建物から調理用コンロを持ち出し、あるいは瓦礫で原始的なコンロを作り、人々は誰のためというのではなく、みんなのために調理をし始めた。こうして、災害時の「炊き出し」が開始されることになった。どの災害においても、苦しみがあり、危機が去ったあとにこそ最も強く感じられる精神的な傷があり、死と喪失がある。しかし、満足感や、生まれたばかりの社会的絆や、解放感もまた深いものなのである。災害時には、この相矛盾するような現象が生み出されてくるのである。これは、災害時には、負傷し、亡くなり、孤児になり、完全に打ちのめされた人々が出てくる一方で、他方では、それほど大きな被害は受けていないものの、通常の生活を寸断されたはるかに多くの人々がいるからである。上記のスープキッチンを始めたホルスハウザーもその一

人である。この多くの人々こそ、それまでの秩序を覆し、新しい可能性を切り開く、災害時の相互扶助社会を作り出す担い手となる人たちなのである。災害が発生すると、それまでの秩序はもはや存在しなくなり、人々はその場で即席の救助隊や避難所やコミュニティを作る。彼女の「スープキッチン」の隣には、ネバダ州トノパという炭鉱ブームに沸く町からやってきた支援チームが到着し、荷馬車に山盛りの支援品をテント裏に運び始めた。彼らは彼女のこの博愛行為を気に入り、このキッチンを「ミズパカフェ」と名づけた。「ミズパ」とは、「物理的にまたは死により別離した者同士の感情的なつながり」「人々が非常時に習慣的に集まった監視塔」「聖域や希望に満ちた予想の象徴」を意味するヘブライ語である。彼らは、このキッチンのために看板を設置し、この看板の真ん中にミズパカフェと書き、その名前の上に装飾的な文字で「ほんの少しの人情が全世界を親戚にする」、その名前の下には、1906年4月23日設立と書いたのである。彼女のスープキッチンは自然に発生した数多くのコミュニティセンターや救援プロジェクトの一つだった。そこでは、見知らぬ人々同士が友達になり、力を合わせ、惜しげなく物を分け合い、自分に求められる新しい役割を見いだしたのである。人々は互いを救出して気にかけ合った。生活のほとんどが戸外のしかも公共の場で営まれ、食料は無料で与えられ、人々の間に昔からあった格差や分裂は消え去り、個々の直面している運命がどんなに厳しいものであっても、みんなで分かち合うことではるかに楽になり、かつて不可能だと考えられていたことが、可能になるか、すでに実現していて、危機が差し迫っているせいでそれまでの不満や悩みなど吹っ飛んでしまっていて、人々が自分には価値があり、目的があり、世界の中心だと感じられる社会、それは、まさにその本質からいって、維持不可能であり、一過性にすぎない。だが、稲妻の閃光のように平凡な日常生活を輝かせ、ときには雷のように古い体制をこっぱみじんに打ち砕く。それは多くの人にとって、つらい時期にほんの束の間実現したユートピアなのである。社会的ユートピアの基本的な2つのゴールは、貧困の除去と、疎外された人や孤立した人のいない社会の構築にある。ミズパカフェの無料の食事と温かい社交的な雰囲気は、ごく小さなスケールではあるが、この両方

第 2 章　苦難と社会統合

を達成したのである。そして、ミズパカフェと同様の施設は、破壊された町のあらゆるところに出現していた。ミズパカフェは、カオスと窮乏が、意志と同情心と一人の女性の才覚で秩序と豊かさに変わった奇蹟であったが、それは災害で度々発生するコミュニティのミニチュア版なのである（ソルニット、2010、26-40頁参照）。

　サンフランシスコ地震では、危機的な状況が続く中で、このように、人々は互いを愛しあっていたのである。幼児期にこの体験をしたドロシー・デイはそのことを忘れず、彼女のその後の人生を、その愛の実現と恒久化のために捧げたのである。彼女は、貧しい人々のニーズに応え、より公正で寛大な社会を作るための実践を行ったのである。彼女と彼女のパートナーであるピーター・モーリンは、最初に、『カトリック労働者』という新聞を発行し、その新聞で、平和主義、貧しい人たちとの連帯、社会改革、宗教上の行為としての奉仕活動を説いた。その後、ドヤ街のような雰囲気と住民の荒っぽさで知られるニューヨークのバワリー地区で、極貧者やホームレスに住処を提供するホスピタリティの実践を行った。デイの活動の中心になったのはコミュニティという概念だった。ホスピタリティハウスは、貧しい人々を受け入れ、かつ中心となる人々がそこの住人や他の困っている人々の面倒を見る一種のコミューンだったのである。そこでは、貧しい人々の自立を促すために、それらの人々が可能な労働の実践も行われた。デイのコミュニティは、飢えた者に食事を与え、裸の者に服を着せ、家のない者に住処を与える「肉体的奉仕」の実践を行うとともに、さらに、無知な者たちを啓蒙し、迷える者を導き、罪人を訓戒し、苦しむ人を慰め、そして万人のために祈ることを含む「精神的奉仕」の実践も行うことを目指したのである（同前書、91-101頁参照）。

　震災後も、相互扶助結合が存続し、政治革命にまで発展した事例もある。1985年のメキシコ大地震がその典型的事例である。1985年9月19日午前7時19分にメキシコシティで起きた地震の揺れは、2分間も続き、その間、ビルは大きく揺れ、ひび割れ、何百万人の人たちは驚愕し、押しつぶされた。商業地区では、中央電話局、テレビ局の通信塔、大規模な病院2棟、ホテル数

棟、省庁ビルと海軍ビル、多数のアパートが倒壊した。数百棟の建物が完全に倒壊し、2000棟以上が修復不可能なほど損傷し、無数の建物が何らかのダメージを受けた。一瞬にして、80万人の人々が一時的にホームレスになった。1万人以上の多くの死者も出した。

マリソル・ヘルナンデスは、その日お針子の職場に出かける途中であり、危うく命拾いした。倒壊したその職場のビルで多くの同僚がその日命を落とした。彼女は、職場の自分たちのボスが仲間の死体や悲鳴を無視して機械を運び出したのを見て、政治に対する意識が高まり、労働者としての自身を守るため、組織を作る法的権利を要求することが必要だと思った。こうして、瓦礫の中から、メキシコ史上初の、女性の率いる独立労働組合が誕生することになった。

時の政府はこの地震のときに全く頼りにならなかった。海外の支援金は横流しされ、テントや救援物資は行方不明になり、海外の捜索救助チームは人命救助を許されなかった。スペインのチームは機器を税関で止められ、フランスから来たあるチームは案内人も地図も与えられなかった。また、あるチームは被災現場で働きたいのに、きれいなホテルに連れていかれた。こういった捜索救助チームは到着が遅すぎることがあるので、その場合、人命救助は近隣の人々により行われることになるのである。

倒壊したヌエボ・レオン棟では、現場にやってきた陸軍は、生き埋めになった人々の救出を一切行わなかった。助かった住人たちは、その団地の管理局に詰め寄ったが、役人たちは何の手立ても打ってくれなかった。まもなく、市全域で住宅についての権利運動が巻き起こった。こうして、居住権を勝ち取る闘いが始まった。震災後の苦しみを通して、彼らは自らの立場を改善したのである。市民は力を合わせれば自分たちの世界を作り変えられることを発見し、そのパワーを手放さなかったのである。

地震直後の危機は収まっていったが、家族や隣人の救出や、食料や避難場所の確保や、救援隊や清掃グループの編成や、その他多くのことを政府の助けなしでやってきた市民は、自分たちの持つパワーや可能性に対する自信や連帯感を失わなかった。この地震は、メキシコ人が「市民社会」と呼ぶ相互

扶助社会を生み出した。モグラとなって瓦礫のトンネルの中を突き進んでいき、生き埋めになった人々を救出したメキシコシティの若者は、救援隊に加わることにより、匿名の人間であることへの大きな喜びと内面的成長を経験したのである。お互いの強い絆を発見していく過程で、人々は、政府のすべき仕事を、政府なしでやっていく、政府に抵抗するパワーを発見した。この地震が契機となり、1929年以来の制度的革命党による一党独裁のメキシコ国家体制が打倒されることになった。2000年には、メキシコは複数政党による民主制の国家になった（同前書、182-204頁参照）。

5　結論

これまで論じてきたことをまとめてみよう。1節では、苦難と社会統合の関係をこの論文のテーマとして掲げ、そのテーマを解明するため、相互扶助の源泉・苦難の神義論・苦難と社会統合の関係という課題を設定した。次に、この課題順に沿った節別構成をとる方針を定め、それによって論を展開することにした。そこで、2節を相互扶助の源泉、3節を苦難の神義論、4節を苦難と社会統合の関係、5節を結びとすることにした。

2節では、人間社会における相互扶助活動の源泉を探究するため、この源泉を「自然的源泉」と「思想的源泉」に分けて考究した。「自然的源泉」では、自然の威力に立ち向かい、生き抜いていくため、またこの環境に適応するため、相互扶助活動の制度を構築してきたことを、柳田國男と宮本常一の民俗学的研究を事例として取り上げ、解明した。「思想的源泉」では、先人の教えや思想が相互扶助活動の源泉となることを示すため、アメリカ合衆国ペンシルヴェニア州ランカスター地方のアーミッシュ共同体、アメリカ合衆国フィラデルフィア市のクエーカーの万人祭司制、日本の祭りの頭屋制、東京都世田谷八幡宮の氏子中心型祭礼を事例として取り上げて論じた。

3節では、人間が苦難に直面したとき、それに耐え、生き抜いていくために生まれてくる思想である苦難の神義論を対象にして、その検討を行ってい

る。この神義論の事例として、マックス・ヴェーバーの古代ユダヤ教の宗教社会学的研究の中で提示されている第２イザヤの苦難の神義論、太平洋戦争での日本の敗戦を民俗学の立場から意義づけた柳田國男の苦難の神義論、柳田と同様に日本の敗戦の民俗学的意義づけを行った折口信夫の苦難の神義論を取り上げ、その社会学的意義を論究している。この章で取り上げた苦難の神義論は、苦難を乗り越え、人々の結束を強化し、社会統合力を高め、相互扶助活動を促進するという点では共通している。その違いは、国内に留まる「国内的な苦難の神義論」か、世界性を持つ「世界的な苦難の神義論」か、という点にある。

　３節では、上記の３事例を取り上げたが、それ以外にも、この苦難の神義論思想はさまざまな宗教の中に見いだされる思想なのである。たとえば、それは幕末に生まれた創唱宗教である天理教や金光教にもこの思想は見いだされるのである。天理教の教祖中山みきも金光教の教祖赤沢文治も、人々の病気等の難儀を受けとめ、この難儀を神に取り次ぐことによって、癒しの行為を行った。天理教の教祖中山みきは、信者の難儀を癒したが、それのみでなく、教祖自身も監獄に入れられるという難儀を受けた。それにもかかわらず、みきの理想世界である「陽気ぐらし」の生活態度は変わることがなかった。この難儀を背負う「受苦的存在」の只中にありながら、「陽気ぐらし」を貫くみきの姿に接し、信者はそこに神の力が生きて働くことを実感し、みきを「生き神」と拝み、称えた。金光教の教祖赤沢文治は、人々の病気等の難儀を自身の身体に引き受け、自身がその難儀をともに受け苦しむことによって、人々を癒した。彼は、「神の家」は人々に開かれたオープンなものであると考え、それを示すために、自家の門の戸を開き、敷居をつぶし、「戸閉てずの家」としたのである。（宗教社会学の会編、2007、124-140頁参照）。

　４節では、苦難と社会統合の関係を論じた。これを「思想と社会統合」と「災害と社会統合」に分けて論を展開した。「思想と社会統合」では、苦難の神義論と社会統合の関係、フランス革命期の社会思想家であり、社会学の始祖でもある２人の思想家、サン＝シモンとオーギュスト・コントの思想と社会統合の関係について論じた。サン＝シモンでは、「新キリスト教思想」を、

コントでは、「社会再組織化思想」を中心に取り上げ、この思想と社会統合との関係について論じた。「災害と社会統合」では、1906年のサンフランシスコ大地震と1985年のメキシコシティ大地震の事例を取り上げ、この震災が相互扶助社会を生み出したことを論じた。前者では、一時的な相互扶助社会が現れ、後者では、震災により生み出された相互扶助社会が持続し、国家を変革するまでの力を持つに至ったのである。

　このように、苦難は、これを克服するために、人々を結束させ、相互扶助社会を生み出すのである。これにより、社会統合を促進させることになる。苦難は、これに耐え抜き、生き抜いていくための苦難の神義論を生み出すことによって、社会を再組織化し、社会統合を生み出す契機となる。苦難の神義論は、国内に留まる閉鎖的な思想である場合もあるが、国際的で世界に開かれた思想になる場合もある。この世界性を持った思想は、世界に流布して広まり、思想のディアスポラ（拡散）を実現する可能性を持っているのである。

参考文献

Baker, James W.監修・志茂望信文・Plymouth Plantation, Inc.写真、2000、『メイフラワー号プリマス開拓村』、燦葉出版社。
Collins, Randall, 1986, *Weberian Sociological Theory*, Cambridge University Press.
Collins, Randall, 1986, Max Weber *A Skeleton Key*, Sage Publication. R. コリンズ、1988、『マックス・ウェーバーを解く』、寺田篤弘・中西茂行訳、新泉社。
藤井隆至、2008、『柳田国男──『産業組合』と『遠野物語』のあいだ』、日本経済評論社。
Gallery, John Andrew, Photographs by Tom Crane, 2007a, *Sacred Sites of Center City: A guide to Philadelphia's historic churches, synagogues and meeting houses*, PAUL DRY BOOKS, INC. Philadelphia.
Gallery, John Andrew, 2007b, *The Planning of Center City Philadelphia: from William Penn to the Present*, The Center for Architecture, Inc. Philadelphia.
石川公彌子、2009、『〈弱さ〉と〈抵抗〉の近代国学　戦時下の柳田國男、保田與重郎、折口信夫』、講談社選書メチエ。

Kalberg, Stephen, 1994, *Max Weber's Comparative Historical Sociology*, The University of Chicago Press.
賀川豊彦主幹、1951、『世界国家』、第4巻、緑蔭書房。
賀川豊彦主幹、1952、『世界国家』、第5巻、緑蔭書房。
加地伸行、2011、『沈黙の宗教——儒教』、ちくま学芸文庫。
クレイビル、ドナルド・B／ノルト、スティーブン・M／ウィーバー-ザーカー、デヴィッド・L、青木玲訳、2008、『アーミッシュの赦し——なぜ彼らはすぐに犯人とその家族を赦したのか』、亜紀書房。
Kraybill, Donald B., Photographs by Daniel Rodriguez, 2008, *The Amish of Lancaster County*, Stackpole Books.
ラミス、C・ダグラス、2009、『ガンジーの危険な平和憲法案』、集英社新書。
Mannheim, Karl, 1943, *Diagnosis of our time: Wartime Essays of A Sociologist*, Routledge & Paul.
宮本常一、2007、『庶民の発見』、講談社学術文庫。
宮本常一、2009、『忘れられた日本人』、岩波文庫。
Moretta, John A., 2007, *William Penn and the Quaker Legacy*, Pearson Education, Inc.
Moss, Roger W., Photographs by Tom Crane, 2005, *Historic Sacred Places Philadelphia*, University of Pennsylvania Press.
折口信夫、1996、『折口信夫全集』、第20巻、中央公論新社。
折口信夫、2007、『古代研究I——祭りの発生』、中央公論新社クラシックス。
折口信夫、2010、『日本藝能史六講』、講談社学術文庫。
折口信夫、安藤礼二編、2011、『天皇論集』、講談社文芸文庫。
Root, Douglas, Photography by Jerry Irwin, 2003, *Compass American Guides: Pennsylvania*, Compass American Guides Animprint of Forders Travel Publication
坂井信生、2007、『聖なる共同体の人々』、九州大学出版会。
サン゠シモン、森 博訳、1988、『サン゠シモン著作集』(Henri Saint-Simon, Euvres de Saint-Simon, Anthropos, t.4, 1966)、第4巻、恒星社厚生閣。
サン゠シモン、森 博訳、2001、『産業者の教理問答 他一篇』(Henri Saint-Simon, Euvres de Saint-Simon, Anthropos, t.5, 1966)、岩波文庫。
清水幾太郎責任編集、1999、『コント スペンサー』(Auguste Comte, Euvres d'Auguste Comte, t.10, Anthropos, Appendice, 1971)、世界の名著46、中央公論新社。
親鸞、唯円編、金子大栄校注、2009、『歎異抄』、岩波文庫。

第2章　苦難と社会統合

ソルニット、レベッカ、高月園子訳、2010、『災害ユートピア――なぜそのとき特別な共同体が立ち上がるのか』、亜紀書房。
宗教社会学の会編、2007、『宗教を理解すること』、創元社。
タイセン、ゲルト、荒井献・渡邊康麿訳、1981、『イエス運動の社会学』、ヨルダン社。
宇野重規・伊達聖伸・高山裕二編、2011、『社会統合と宗教的なもの――十九世紀フランスの経験』、白水社。
「ユートピアの挑戦」（http://www.geocities.co.jp/berkeley/3860/Utopia/040.html）
Weber, Max, 1920, *Gesammelte Aufsätze zur Religionssoziologie I*, J. C. B. Mohr.
Weber, Max,1921, *Gesammelte Aufsätze zur Religionssoziologie II*, J. C. B. Mohr.
Weber, Max, 1966, *Gesammelte Aufsätze zur Religionssoziologie III*, J. C. B. Mohr.
Weber, Max, besorgt von J. Winckelmann, 1972, *Wirtschaft und Gesellschaft*, J. C. B. Mohr.
Weber, Max, herausgegeben von S. Hellmann und Dr. M. Palyi, 1923, *Wirtschatsgeschichte*, Duncker & Humblot.
柳田國男、2010a、『新版　遠野物語　付・遠野物語拾遺』、角川ソフィア文庫。
柳田國男、2010b、『柳田國男全集』、第13巻、ちくま文庫。
柳田國男、1990、『柳田國男全集』、第15巻、ちくま文庫。

日本放送協会、歴史秘話ヒストリア、第78回「人はみな、救われるべきもの〜法然と親鸞探求の道〜」、本放送2011年6月15日22：00〜22：43、NHK総合（再放送7月31日午前1：40－2：20、放送参照）。

第 3 章

ピューリタン出自の社会思想家の比較研究
―マックス・ヴェーバー、賀川豊彦、タルコット・パーソンズ―

第3章　ピューリタン出自の社会思想家の比較研究

1　序論

　本論文は、ピューリタン出自の社会思想家の中から、マックス・ヴェーバー、賀川豊彦、タルコット・パーソンズという代表的な社会思想家を選び、その思想と社会理論ならびに社会的態度を比較研究することを目的にしている。この3者は、共時的ならびに通時的理由により選定されている。共時的には、この3者がピューリタン系の出自を持つ思想家であるのが、その選定理由である。通時的には、この3者を取り上げることにより、19世紀後半から20世紀後半までの時代のピューリタン系の典型的な社会思想を通観することができるからである。マックス・ヴェーバーは19世紀の後半から20世紀の初頭まで、賀川豊彦は19世紀の末から20世紀の半ばすぎまで、タルコット・パーソンズは20世紀の初頭から後半までを生きて活動した社会思想家である。

　上記の目的に接近するために、以下の課題を設定することにした。

　まず、2節では、この3者とピューリタン系の社会改革思想との関係を論ずることにする。第3節では、3者の社会科学の基礎理論を検討する。そこでは、主意主義的思考、目的論的思考、合理化論的思考と進化論的思考、および、文化論的思考が論じられる。第4節では、彼らが国内政治やグローバルな国際政治に対して取った態度について論じる。最後に、第5節の結論では、彼らの思想の今日的意義について検討して結びとする。

　研究方法としては、彼らの置かれた社会状況が彼らに与えた影響についての分析と、彼ら個人に定位した状況が彼らに与えた影響についての分析を行うことにする。ここで社会状況というのは、歴史的状況、社会経済的状況、地政学的状況、社会生態学的状況、社会文化的状況、人種的民族的状況のことである。個人的状況というのは、個人史的状況、心理状況と身体状況のことを指している。この社会的並びに個人的状況の両側面の総合分析により、彼らの思想の解明に肉迫する。

　では、以下、それらについて見ていこう。

2　ピューリタン系社会改革思想との関係

　本節ではマックス・ヴェーバー、賀川豊彦、タルコット・パーソンズ、3者のピューリタン系社会改革思想について論ずる。
　最初にマックス・ヴェーバーについて見てみよう。
　マックス・ヴェーバーの母方は、フランスにおける改革派教会、すなわち、ユグノー貴族の家柄である。曽祖父は、フランス系改革派教会の牧師である。カトリックの勢力の強いフランスでは、彼らユグノーたちは迫害されていた。そのことは、サン・バルテルミの虐殺のようなカトリック教徒によるユグノー虐殺事件に典型的に示されている。こうした事情により、ヴェーバーの母方の先祖は、フランスからドイツに亡命したと言われている。改革派教会の特徴の一つは、キリスト教の愛の教えとその実行を迫る知行合一的な実践的性格にある。その気風を反映して、ヴェーバーおよびヴェーバーの母方の親族は、社会的な愛や社会的責任感および社会正義を重んずる人たちであった。ヴェーバーの伯母イダ・バウムガルテンもその一人であった。ヴェーバーの母、ヘレーネ・ヴェーバーもそうであった。そして、当のマックス・ヴェーバーもその傾向を持っていたのである。
　マックス・ヴェーバーの妻マリアンネ・ヴェーバーによるヴェーバー伝には、そのことが、次のように記されている。
　まず、彼の伯母イダから見てみよう。

　「当時バウムガルテン家の中心になっていたのは、きわめて卓越した女性であるイダだった。政治と学問への興味にひたすら心を満たされていた彼女の夫は――みずから身につけたというよりもあきらかに親ゆずりの――プロテスタント教会信仰を持っていた。彼は牧師の息子だったのである。いずれにしてもこの信仰は彼の内面生活にはもはやたいした意味を持っていなかった。イダは彼と知的興味を同じくはしていたものの、彼女の本来の生活は深い内面性の中で、彼女の信ずる神の面前でおこな

第 3 章　ピューリタン出自の社会思想家の比較研究

われていたのである。彼女はあらゆる人間の行為をキリスト教倫理の峻厳な尺度によって判断した。それゆえ決して満足するということがなく、いつも意志を張りつめて生きていた。自己充足的な学問というものと典型的な学者というものから彼女はますます疎隔した。考えることや行うことの破綻は彼女にとっては衝撃であった。福音書の同胞愛の理想によって判断すれば、アカデミックな世界は社会的な愛に欠け、傲慢で利己的で、その上人間的にも往々にして惨めなほど卑怯なものと彼女には映じた。虚栄心と猜疑からあくまで脱し得ないというのである。絶えず殖えていく書物の数もどれだけの価値を持っていようか、もし知識が叡智や善をも高め、日常の行為が精神の高翔に支えられていないとすれば？　最大限の教養に満たされたこのような生活形式のただなかで彼女は福音の精神を貫こうとし、それを実現し得ないことに屢々悩んだ。もっぱら山上の垂訓にしたがってこの世を一貫させることは実際に不可能なのであろうか？　決して衰えることのない痛切な社会的責任感に駆られて彼女は貧困者のために金を出さずにはいられなかった。夫は屢々これを見て非常な不安を感じたが、イダを心から愛し、非常に高く買っていたので、彼女はたいてい自分の良心の声にしたがうことを許された。その上また彼女は、他の人びとから見れば彼女自身にとっても家族にとっても過大な要求となるような仕事もいろいろ引き受けた。猩紅熱にかかった子供の姉妹を家に引き取ってやったために彼女は心から愛する一人の娘を失った。むずかしい気質のため自分の子供たちにとっても自分自身にとってもやりきれない重荷だったにかかわらず、身寄を失った一人の親戚の女を何年も家に置いてやった。華奢な体に閉じこめられた彼女の強い精神は底知れぬ憂悶のデーモンたちとただ一人でたたかった。しかし彼女は決して他の人びとをそのために苦しませることはなかった。他の人々に対しては彼女はほとんどいつも楽しげな暢気そうな様子をしていたのである。〈克己〉が彼女の格言だった。」(マリアンネ・ウェーバー、1970、67-68頁)

次に、彼の母ヘレーネについて、見てみよう。

「ヘレーネは自分の心を満足させることはめったにできなかったから、家の生活様式に対する一切の自信を徐々に失い、自分の安楽さのためにばかりあまりにも多くのことが為されて〈他人のためには充分〉してやっていないという気持ちに絶えず苛まれた。そこで彼女は出来る限り自分の出費は倹約しはじめ、今までならば人手を借りていたような或る種の家事をも自分で引き受けて余計な負担を増した——この〈労賃〉によってこっそりと貧者に施す資金を溜めようというのである。夜ベッドについても、あたたかい寝所を持たぬ大都会の数十万の人口を思うと彼女は肉体的に苦痛を感じた。——夫からちょっと大きな贈物をもらうたびに彼女は、むしろ貧者に施す金があったほうがどんなにいいかもしれないと思った。要するに、愛の活動が束縛されるように感じれば感じるほど彼女の性格にある慈悲憐憫の面が強く出て来たのである。彼女も今では姉イダと同じく、福音書の教えと大ブルジョワ的な生活様式との矛盾を絶え間ない疼きのように感じていた。彼女の心をこのように深く動かすすべてのものが、当時活潑に沸き立って来た彼女の周囲の人々の社会的関心の流れと今や合流したのである。

　一方では富が増大しているのに他方ではプロレタリア化が進展しているのはなぜかという若手の神学者や国民経済学者の設問も、同様にまた大衆のキリスト教からの背叛も、事実ずっと前からヘレーネの関心をかき立てていたのである——今やそういったことすべてが若い世代や自分の息子たちにも目に止まり、取り上げられるのだ！　それを彼女は喜び、そして青年たちがその理由を認識することによって救治の方法をも発見することを、一切の信仰の力を挙げて彼女は期待した。できることなら彼女はそのために一切を捧げたかった。」（マリアンネ・ウェーバー、1970、113頁）

こうした社会的関心から、ヴェーバーの母ヘレーネは、長男のヴェーバー

第 3 章　ピューリタン出自の社会思想家の比較研究

とともに、フリードリッヒ・ナウマンやパウル・ゲーレたちのキリスト教的社会改革運動である福音社会会議の運動に接近していくのである。

　次いでマックス・ヴェーバーについて見てみよう。ヴェーバーについては 1 章4.3節でその政策論について述べているのであわせて参照してほしい。ここではその中でも社会改革思想に関わる部分を再度取り上げて見ていくことにする。
　ヴェーバーは、経済や技術や国家制度について、第一にそれらがどの程度まで国民国家ドイツの強国としての地位を支える目的に適うかを問題にしたが、同時にどのような制度によって、ドイツの人々が、人間らしい生活や幸福を保障されるかということを問題にしたのであった。その意味で、彼の関心は、一方では民族政治の理念の、他方では、社会的責任感と社会的正義感という二重の刻印を帯びていたのである（同前書、100頁）。
　彼は、この二重の関心から、講壇社会主義者が組織した「社会政策学会」に参加していくことになる。この学会の関心は、労働問題に注がれ、当時切実であった農業労働問題において、東部ドイツ地域の農業労働者事情の調査に取り組むことになり、ヴェーバーもこれに参加した。ヴェーバーは、この調査の結果を次のように総括している。
　東部ドイツの農業地帯では、共同経済的な農業構造から大規模農業経営となり、大地主が商業的企業家階級へと変貌した。大地主はますます自分の土地を拡張し、それとともに小作農に対しては、従来の権利や現物収益を認めるのではなく、賃金支払いへと移行していった。それによって土地の収益からの割り前を得ることもできず、自分の土地による独立の望みがなくなった小作農は賦役をやめ、地主貴族は代わりに廉価で従順な労働力として、ポーランド人やロシア人をドイツに呼び入れるようになっていった。
　ヴェーバーは、大地主の利害関心によって惹起された東部地域の外国人移民、特にスラブ人の増大とそれによるドイツ国家の国防的危機や文化的危機を、安い値段でドイツ人小農に土地を分け与えるという農地改革政策を断行することによって乗り切るべきだと国家に提言したのである。当時、南下政

策を推し進めていたロシアは、ドイツに侵攻し不凍港を獲得しようとしており、東部における外国人増大の状況は、敵を国内に抱えこむ国防的危機と彼には映じたのである。そしてこの防波堤に祖国に忠実な小農がなれると考えたのである。

　彼は、社会政策学会に参加すると同時に、彼の社会的責任感と社会正義感に対する関心からキリスト教的社会主義サークルの運動「福音社会会議」にも参加していくことになる。先に母ヘレーネの箇所で述べたように、これは、マルクス主義的な社会民主主義に対抗し、キリスト教会の側から社会改革に取り組もうという運動であった。彼らは、政府に対して、社会改革の政策として、労働者側に立つ強力なイニシアティブを要求した。また牧師たちには、社会問題の研究とキリスト教社会主義政党による連携を呼びかけたのである。ヴェーバーは、母ヘレーネと第１回会議に参加し、その感想を次のように述べている。

　「ときとしては少々素朴な、しかしたいていは独自なものを持った牧師たちの口論するのを聞くのは私の母にとってはいつも非常な喜びだった。それにまた、われわれの脳味噌を絞らせるような経済的問題を、彼らが如何にうらやましいほど軽々と、神様の良きご理解を信頼してかたづけるか（しかもその際事実上彼らの浅薄さをとがめることはできないのだが）を見るのは、何かすがすがしいものがある。」（同前書、1970、106頁）

　この会議を通じて、彼は、この運動の若き指導者、フリードリッヒ・ナウマンおよびパウル・ゲーレと親交を結ぶことになった。ナウマンは、ヴェーバーを、政治と経済の問題についての道しるべとして選び、第５回福音社会会議では、ゲーレとヴェーバーの発議によって、ヴェーバーが取り組んできた農業問題の討議が行われるように計画された。そして農業労働事情についての大規模な調査も行われた。調査の質問票は、社会政策学会とは違って、雇用者だけではなく、農村の牧師にも向けられたものだった。農村の牧師たちのほうが農村労働事情についての政策の判断を下すことについて不偏不党

第3章　ピューリタン出自の社会思想家の比較研究

であったし、のみならず牧師たちの目をこのようにして社会活動に開かせる意図もあったのである。また、この調査では、単に農業労働者の経済状態のみではなく、精神的・道徳的・宗教的状態、およびその両者の相互作用をも明らかにすることになっていた。

　そして調査の結果、賃金鉄則が貫徹するとみる経済史観の限界が提示された。すなわち、農村では賃金鉄則は通用しないということであった。生活費の高いところでも低い賃金はあるし、地味の良いところでも労働者の生活水準の低さが見られたり、その逆の場合もあったりした。農業労働者の運命や一般的状態を決定するものは、彼らを取り巻く世界の全般的な経済関係ではなく、歴史的にできあがった社会的成層であり、この成層を農村で決定するものは技術的・経済的な条件ではなく、住民がどのような集団をなしているかということや、経営および耕地の分け方、労働法の法律形態なのである（同前書、107-108頁）。

　次に、賀川豊彦とキリスト教的社会改革の関係について見てみよう。
　ロバート・シルジェンの賀川豊彦伝にも述べられているように、賀川豊彦は、「愛と社会正義」の実現を追い求めた思想家であった。彼は、愛と社会正義の実現を目指す自らの社会改革思想を「キリスト教社会主義」と呼んだ。当時、キリスト教社会主義は、イギリスのキングスレー等の運動があり、日本では木下尚江や安部磯雄等の運動があり、賀川はそれらの運動に刺激を受け、思索と運動を続ける中で、彼独自の「キリスト教社会主義論」を展開することになった。その主張を次に見てみよう。
　賀川は、彼の当時に起こった一時代の運動だけをキリスト教社会主義の運動とは考えず、原始キリスト教の時代から今日に至るまで続いている運動として捉えている。その運動は、個人主義的な運動ではなく、神を中心にした愛の運動である。すなわちそれは、ただ単に経済運動だけではなく、生命の運動であり、自由への運動なのである。イエスの運動は、弱者を近づけ、貧民を救い、罪人を解放しようとする社会再生を目指す社会改造運動なのである。そのことについて、賀川豊彦は次のように述べている。

「基督教社会主義と云えば、すぐ思い出されるのは、英国に於けるマウリスやキングスレーの運動であるけれども、私は基督教社会主義をたゞさうした一時代に於ける一地方の運動であるとは考えたくない。

基督教の千九百年に渉る光栄ある歴史に於ては、政治的にもまた経済的にも、共産主義的生活を実現させた事実が、如何なる時代を通じても存在して居たのであって、その光栄或る歴史こそ基督教社会主義の本質であると言わねばならない。基督教の運動はその根本に於いて個人主義的な運動ではない。それは神を中心とした愛の運動である。それは只単に経済運動であるとは云へないであろう――然しそれは生命の運動であり、自由への運動であることだけは否定することができない。すなわち基督教の運動は、始めから一種の社会運動であった。その創始者大工イエスは、反逆者として死刑に処せられた人物である。もちろんそれが誤解に基づいた死刑であったとはいえ、彼の運動が社会的色彩を帯びて居たことだけは否定出来まい。

大工イエスの運動は、その根本に於いて、一種の改造運動であった。即ち弱者を近づけ、貧民を救い、罪人を解放せんとする再生運動だったことは、福音書を見てもよく解る。それは凡てのものをいと高きところまで引き上げんとする真正の民衆運動であり、強力の支配せざる愛によって裏書きさせられる自由の国の建設運動であった。」(賀川、1982a、「基督教社会主義論」、253頁)

他方で彼は、イエスの宗教運動は共産主義運動だけが目的ではなく、財産の分配や所有といったこと以上に、生理的に欠陥のあるもの、精神的な煩悶のあるものを救済し、生命のあらゆる方面において、神の栄光が現れるために、あらゆる人間苦を修正し救済しまた発展することが根本動機であったと位置づけている。彼は、そのことについて、次のように述べている。

「然し誤解してならぬことは、イエスの宗教運動の根本的基礎は、決して共産運動だけがその目的ではなくして、財産の分配、あるいは所有と

第 3 章　ピューリタン出自の社会思想家の比較研究

いったこと以上に、生理的の欠陥あるもの、精神的の煩悶あるものを救済し、生命のあらゆる方面に於いて、彼の考えた『神』の栄のあらわれる為めに、あらゆる人間苦を修正し救済しまた発展することが、その根本動機であったと考へられる。経済的平等の運動は只その大運動の一局面として開展したものであって、全局の運動でなかったことだけは確かである。これは今日の社会主義運動が凡ての問題を経済運動に帰結せんとするなゝ違って非常に重要な差のあるところである。」（同前書、253-254頁）

　彼はイエスの運動を、終始一貫、神の国運動であり、単に経済問題に限らないで、「永遠の社会正義」と「永遠の愛」を基礎とした人間運動であると結論づけている（同前書、254頁）。
　賀川は、使徒行伝等の新約聖書を典拠に挙げて、イエスの死後の使徒たちは共産生活を実行していたと述べている。

「使徒行伝二章四章五章六章は、使徒時代に於ける共産生活の実行がいろいろな困難に出会した事実を物語っているのであって、一方に於ては土地を売って共産生活の資源に供するものがあり、他面に於ては、その財産の幾分を隠して、表面だけをつくろはんとするアナニヤとサツピラの如き、卑しい気持ちのものがあり、平等の分配に漏れて不平をいふ希臘人のクリスチャンがあり、その間の困難を切り抜けんが為に七人の執事が設けられたことが、使徒行伝には重要な事実として記載されている。」（同前書、254頁）

「ガラテヤ書第二章一〇節に記載せられて居るパウロの救済運動は、使徒行伝第二十四章に記載されて居るエルサレムに於けるパウロの貧民救済運動まで連続して実行せられたことは、あらゆる書簡に、パウロの社会事業が記載されていることを見ても解る。ことにコリント後書は彼の社会運動の立場の辯明書であるとも云える。その第八章第九章は、貧し

き者と富めるものとを均しくせんとするパウロの水平運動に関して、比較的詳しく彼の心持ちを記述している。テサロニケ前後書には、労働をせざるものが食ふ権利のないことを主張し、兄弟愛の完成をパウロは主張して居る。ソビエツトロシヤの憲法になっている働かざる者食ふべからずといふ名文句は、最初にテサロニケ前書に吾々が発見するものである。

テモテ前書の第五章をみても、パウロは不具者に対して、その財産を分け与えて貧しき者を愛すべきことを徹底的に教えたことが解る。

こうした運動は初代教会には猛烈に行われていたと見えて、原始的な自給自足の経済組織に於いて、遠く離れた兄弟たちが互に相扶け合って居たことは、実に驚くべき事実として残って居る。その事実は新約聖書のヨハネ第三の書などを見るとよく解る。もちろん、その改造運動は暴力の加味したものではなかった。然し奴隷に対する態度などは明らかに観念的革命の精神を包蔵していた。使徒パウロが奴隷オネシモをその主人ピレモンに送り返した手紙などを見ると、単なる表面上の解放だけではなく、人間相互の関係に於いて、主従の関係と考えないで兄弟として相愛せよと教えている所をみると、其処にすでに新時代の兆しがあったことに気附かれる。」(同前書、254-255頁)

中世においては、修道院において共産生活が行われていたと述べている。

「即ち修道院は高等なる道徳を保存するところであり、このところには共産主義が行われて、何人も自分の所有権を主張せず、凡ては神のものであることを考えて、祈禱と労働に従事し、民間とは全然離れた道徳を保存したのであった。」(同前書、255頁)

また、小規模ではあったが、中世のギルドや労働組合の中にもこの道徳が保存されていたとも述べている。

「都会に於ても、此道徳が社会生活の中に適用せられ、伊太利の自由都市には、基督教的な各種の労働組合やギルドが組織せられ、弱者を保護し、道路を修繕し、橋梁を欠けるなどの運動が宗教的に行われたことは、教会歴史のうちに記載せられて居る。勿論それは小規模に行われたものである。」（同前書、256頁）

この愛の運動は、13世紀にもなると各方面で爆発的に展開されていった。それは、兄弟団運動という形態をとり、共産生活を実行した。アナバプテストやモレビアの兄弟団がその例として挙げられている。これらの兄弟団は、自己が勤労によって得た所得は、すべて神の賜であることを確信し、財を惜しまず、社会の弱者貧民を救済するために金を使ったのであった（同前書、256-257頁）。

ただこの運動は、宗派の分裂や教権の圧迫や地方人の迫害によって大きな運動とはならず小さい運動になってしまった。

世界的な大運動として展開されることになったのは、マルチン・ルターやジャン・カルヴァンの運動であった。ルターは宗教的自由を叫び、近代における自由主義の先駆をなし、カルヴァンは世界における近代的民衆的共和政治の基本を示すことになった。クロムウェルの英国革命、ワシントンの米国革命は、カルヴァンの信条を奉じたものがその中心人物となったと、賀川は述べている（同前書、257頁）。

産業革命期の英国の兄弟愛運動について、賀川は、以下のようにまとめている。

産業革命期の英国において、貧民救済事業を展開したジョン・ウェスレーの運動は、モレビアの兄弟団の兄弟愛運動に教えられたものであった。ロンドンの貧民窟の救済事業に最大の貢献をなした救世軍のブース大将も、元はこのモレビアの兄弟団の系統を引いたウェスレー主義者の一人であった。今日の英国の労働組合は、宗教的な色彩を帯びている。それ等のあるものは、ウェスレーの弟子たちによって創立せられたものである。英国において最初に農民組合を設立したラレスはウェスレー派の説教者であった。労働党を

作ったケヤハーディはウェスレー派の熱心な信者であった（同前書、258頁）。

産業革命期のフランスでは、教会の堕落に対して、改造運動を行うものは、反教会的、反基督教的精神を抱くようになり、その運動は、19世紀初頭の唯物主義の影響を受け、唯物的社会主義の運動となって現れてきた。産業革命とともに、ドイツにもこの唯物的社会主義が入ってきた。

こうした動きがある中で、英国においてキリスト教社会主義の一団が出現してきた。その運動は、最初、ケンブリッジ大学の教授フレデリック・テニソン・マウリスの家庭において開かれた聖書研究会から開始された。その一団は、最初から最後まで知識階級の運動であった。そのため労働組合運動などには直接的には大きな原動力とはならなかった。しかし、そこで展開された運動は、労働教育と消費組合運動に大きな影響力を与えることになった。マウリスの開いた労働学校は今も存続している。彼が尽力した消費組合は、英国改造の一大原動力となっている。しかし、その運動は、基督教的発想の経済学の根本理論を提示できなかったために、理論として唯物的社会主義に立ち後れ気味であった。その上に、教会の社会組織が、だんだん中産階級向きとなり、労働階級に適合した宗教団体が案出されなかったために、労働階級は、大工イエスの博愛的精神には共鳴しつつも、教会からは遠ざかることとなった（同前書、258-259頁）。

米国においては、奴隷解放の運動が展開された。その運動の中心人物であったアブラハム・リンカーンの精神は徹頭徹尾キリスト教的であった。そこで、最初は反対していた教会も、後にはこの運動を支持するようになった。

米国におけるこの運動の後、ヨーロッパの産業革命は一層深刻なものとなった。労働階級は、長時間労働を強いられ、その作業は機械的で、かろうじてその日の暮らしを送り得るような悲惨な状態が続出した。キリスト教社会主義の運動も労働組合と絶縁していた。宗教の必要なことを知っている労働階級も、教会を中心とした宗教的社会組織だけでは、社会改造が全く不可能であることに気づき、教会外に宗教宗派を超越した労働組合と社会主義運動を始めるに至った。その間において、社会改造に多年目覚めなかったカトリックの側から、多数の無産者を包容する教会中心のキリスト教労働組合が

第 3 章　ピューリタン出自の社会思想家の比較研究

生まれることとなった。スペイン、フランス、イタリアのようなカトリック国においては、これらの教会中心の労働組合員は少なからぬ数となっている。

米国においては、自由主義的資本主義の勢力が非常に膨大であるために、キリスト教的社会主義は微々たる勢力しか持たない状態である。

近代的産業組織に対するキリスト教の勢力は、あまりにも分割したその宗派争いのために、統一的勢力として当たることができなくなった。あまりに分岐した宗教的感情は、日常生活とだんだん分離して、精神的であることと、日常生活を救済する運動とは相容れないかの如く考えられ、キリスト教会はますます機械工場と連絡を失うに至った。その間に機械文明の社会組織は一層進行し、兄弟愛を必要としない個人主義的宗教運動は、到底社会改造の指導的精神を握るに適しないものとなってしまった（同前書、259-260頁）。

賀川は、愛と社会正義の実践の面から、キリスト教の歴史をこのように概観している。近代産業組織の非人間的側面に対し、人格を尊重した社会改造の指導精神に値する兄弟愛を中心にした運動は、いかなる条件を備えている必要があるのか。その条件として賀川が挙げているのが、イエスの運動が提示している生命価値・労働価値・人格価値の３条件である。

イエスは、「人もし全世界を得るともその生命を失わば何の益あらんや」と説いた。生命価値は、イエスの運動の第１原則である。多くの労働階級の生命を無視して、ただ金儲けに熱中する資本主義は、福音書の精神に反するばかりでなく、あらゆる時代におけるキリスト教の精神に反するものである。

生命の活動は労働となって現れるが、イエスは労働そのものを最も神聖なるものとして、所有権以上に神聖視した。それは、イエスの「わが父は今に至るまで働き給う、我もまた働くなり」によく表れている。この精神は、キリスト教のあらゆる時代を通じて、高調されてきた精神であって、修道院においても、街頭においても、イエスの言葉はいつも労働階級を高めてきたのである。したがって、労働価値が第２の原則となる。

またイエスは、生命と労働を尊重したのみならず、人格をも尊重した。イエスの人格運動は、愛と自由の２つの方向に表れていた。彼は、若き男女が両親を離れて結婚し得る自由を認め、宗教的戒律に縛られざる自由、居住の

自由、その他自由なる精神の行くべきすべての道を理解していた。しかし彼は、その自由が一定の真理と、愛とを基礎にしなければならないことを教えたのであった。こうしてイエスは、生命と労働と人格的自由を基礎にした社会は、隣人愛の大きな網の中に包まれて、真の組織へと進むべきものであることを教えたのである（同前書、260-262頁）。

　賀川によれば、生命価値・労働価値・人格価値の3条件を満たすキリスト教社会主義の運動こそ、人を物として扱う商品主義と人を機械的奴隷制と賃金奴隷制に縛りつける現代の資本主義の害悪に対抗する運動なのである。この運動こそ、愛と社会正義を実現させるのに不可欠の運動なのである。

　賀川の「神の国運動」は、このキリスト教社会主義運動の基軸となる運動であった。また、この運動は、貧しい者や労働者を中心に置いた運動でもあった。そのため、この運動は日本で盛んとなり、洗礼者数は激増し、1931年には頂点に達した。この運動は、賀川が、労働運動、農民運動の後に起こした運動であった。従来、労働運動、農民運動がマルクス主義の運動に傾斜し、それによって賀川の運動が軽視され、そこから放逐されたときに、彼は神の国運動に乗り出したと説明されてきたが、賀川はそうした経験も踏まえ、労働運動、農民運動だけでは限界があり、それを支える内的な精神運動、すなわち、「悔い改め」の運動が必要なことを痛感したので、神の国運動を始めたのである。だから、彼にとっては、この運動は、労働運動、農民運動とは別個のものではなく、それらが互いに相提携して推し進められていくことによって、力を発揮することができると考えられたのである（隅谷、1966、180-182頁）。

　ところで、上記のようにキリスト教社会主義の歴史を概観した上で、彼は、自己のキリスト教社会主義をどのように展開していこうと考えていたのであろうか。私見では、キリスト教社会主義の運動として、賀川は、協同組合の原則を基礎にし、これに、イエスの神の国運動を模範とした内的な精神運動をも加えた社会運動を構想していたと推測する。

　最後に、タルコット・パーソンズ（1902-79）とキリスト教社会改革思想

第 3 章　ピューリタン出自の社会思想家の比較研究

との関係について論究してみよう。

　パーソンズの父、エドワード・スミス・パーソンズが育った19世紀後半のアメリカは、急速に工業化し、独占資本主義が確立した時代であった。科学技術の発展により、技術革新が進行し、巨大な富を蓄積した大企業の経営者層が出現する一方で、労働者層は搾取され、その労働条件・生活条件は劣悪化し、貧民となってしまった。この体制を支えているのは、個人主義を基礎とした自由放任の思想である。こうした社会問題に対して、プロテスタンティズムは既成の体制を擁護する体制派に成り下がってしまっていた。社会福音運動は、このような体制派となってしまったプロテスタンティズムを批判し、悲惨な社会問題を解決しようとするプロテスタントの社会改革運動であった。この社会福音運動は、組織的に統一された運動ではなく、慈善を重視するグループからキリスト教社会主義に至るまで、多様なグループからなる運動であった。エドワードは、この運動の代表的リーダーの一人で、左派のキリスト教社会主義に非常に接近した立場を取っている。この運動の展開により教会の社会的影響力は増大し、その運動が最高潮に達した1910年代には、その20年前と比べて、教会員数がほぼ倍増したのである（高城、1992、11-15頁）。エドワードが25歳のときに執筆した論文、「キリスト教徒の社会主義批判」に彼の思想がよく表れている。

　エドワードは、労働者階級の利益に適う方向に国家を変えようとする思想が、社会主義であると考えていた。したがって、ここから、社会主義は、その理論的側面においては、労働者階級の正義の要求に基づいた理論であり、国家をすべての生産手段の所有者とし、国家を、すべての産業において開始され推進される協同の共和国に変えようとする理論であると定義している。この定義から、国家の破壊を目指すアナーキズムや国家の変革を考えないフレデリック・マウリスやチャールズ・キングスレーに代表されるイギリスのキリスト教社会主義者の主張する自発的協同組合も、社会主義から除かれることになる。

　社会主義は、こうした経済的利害にのみ限定されるものではなく、道徳的正義の諸原理に基礎づけられており、道徳的再生を含む社会の再生が可能で

あると主張している。

　このように、社会主義の国は、神の王国と概念上類似しているので、キリスト教と社会主義とを対比検討することが可能でありかつ妥当性を持つことになると、エドワードは主張している。

　エドワードは、まず社会主義者による現状診断を検討していた。産業の巨大な発展とそれに伴う富の増大により、世界の貧困が緩和され、労働者の仕事が軽減され、かつ労働者の知的・道徳的文化の水準が大きく引き上げられるのが期待されるが、現実にはその逆のことが起こっている。すなわち、貧富の格差が増大し、労働者が商品として取り扱われることによって、貧者の富者への依存は、恐るべき賃金奴隷状態となっている。プランテーションの奴隷所有者は、自己の財産である奴隷の健康や生命に利害関心を持つのに対して、現代の雇用者は、労働者の死を悲しむなんらの理由も持っていないので、人身の所有よりさらに悪い状態となっている。労働者の賃金は、労働の需要・供給によって完全に規制されており、それは、飢餓の限界線上を行き来している。そうした事態の結果として、社会の下層階級の間では、身体的機能の低下、知的発達の阻害、道徳的鈍感さと堕落がはびこり、他方、あらゆる手段を用いた富や権力の追求、激しい利己心の結果である性格と行動のひずみ、これらすべてが富者を特徴づけている。社会主義者は、このように現状を診断していたのである。

　それゆえ社会主義者は、自由放任の前提となっている個人主義を批判し、産業の指導者たちが行っている労働者たちに対する搾取を告発している。このような組織的な搾取を行うことなしには、巨大な富が、数人の手に蓄積されることはありえなかったに違いない。社会主義者は、労働者の道徳的退廃の責任も、労働者自身にではなく、現代産業システムそのものにあるとみている。経済競争が、労働者の貧困と退化を生みだしているからである。

　次に、エドワードは、社会主義とキリスト教とを対比している。キリスト教倫理の基本原則によれば、人間は道徳的システムの中にいる存在であり、そのシステムによって、愛・同情・援助が要請される存在にほかならない。キリスト教は、社会の不安や闘争の中に、「汝の隣人を汝と同じように愛せ」

第 3 章　ピューリタン出自の社会思想家の比較研究

という法を踏みにじった自己利益の結果をみる。すべての人間は、神の似姿につくられた神の子どもである。それゆえ、人間を機械のごとく扱うものは、人間の中にある神のイメージを辱めるものである。工場の奴隷はプランテーションの奴隷と同様に、不道徳なものであり、奴隷所有者的な雇用者は、そうした奴隷を奨励しているシステムとともに、神の呪いを受けるであろうと、キリスト教徒は考える。

　社会主義の理想は、キリスト教の理想に表現されている。キリスト教が考える未来像では、愛が自己本位にとってかわり、正義が不正にとってかわるのであり、そこでは、人間のまったき本性が開花することになるのである。それゆえ、キリスト教の理想と社会主義の理想とは、顕著な点で類似している。こうしてエドワードは、キリスト教と社会主義とは矛盾するものではない、との判断を示している。

　社会主義とキリスト教とは、一定の明確な一致点を持っている。両者とも個人主義に異議を申し立て、労働者を人間以下のものとして取り扱うこと、労働者に帰属するものを盗むこと、産業システムの指導者たちが不道徳の発展に好都合な諸条件をつくることに抗議する。両者とも、すべての人に公正な、協同・平和・豊かさ、知的道徳的成長と達成の存在する未来社会を望んでいる。両者とも、このような理想社会を実現する手段として、兄弟愛と協力の教えを、実際生活において実践するよう勧めている。

　しかしながら、両者には明確な違いがある。キリスト教の見解では、社会主義は、社会の無秩序の根絶をはかるものではない。社会主義は、貧困をおしなべて人間の富への利己的貪欲から説明し、不道徳の原因をほとんどすべて、貧困に帰している。それに対して、キリスト教は、人間関係の無秩序の基礎的原因を、人間の神からの離反にあると考える。もし人間が神を信仰しつつ生活しているならば、人は隣人を自らと同じように愛するであろう。人が自分のためだけに生きているのは、神を忘れてしまったからである。富者も貧者も神の目からみれば、罪人である。不道徳の原因も、魂が神から離反した結果であると見なければならない。社会主義は、貧困がなくなった状態における「秩序の問題」を考えていないのである。

第二に、社会主義の国と「地上における神の国」とが類似しているとはいっても、社会主義の理想は、肉の慰めにとどまっている。だが、キリスト教の理想は、まっさきに「神の国」を求め、魂の救済を求める。キリスト教の理想は、「人格」そのものにほかならない。社会主義は、貧困という要因を排除することによって、災いとなる問題を解決しようとする。これに対して、キリスト教は、問題は罪の要因を排除することによってのみ解決しうると宣言する。

　第三に、社会主義の兄弟愛と協同とが労働者階級内に限定されているのに対して、キリスト教は、全人類の真の協同と兄弟愛とを追求する。社会主義の協同性は、相互の利害に基礎づけられている。そうだとすれば、相互の利害がなくなったとき、協同は不可能となる。神の思想こそが、真の共同にとって本質的なものであると考えなければならない。「汝の隣人を汝と同じように愛せ」という愛の法は、社会にとって唯一の合理的な法である。利己心は無秩序であり、愛は統一と平和にほかならない。それゆえ、キリスト教の高い水準から判断するならば、社会主義の教えは狭隘で表面的である。

　キリスト教は、社会主義の宗教である唯物論哲学を拒否する。人間に食料と衣料とを与えよ。そうすれば、人はまもなく正しい道徳的霊的心を持つであろうと主張する哲学は、日常生活の諸事実によって、誤りであることが実証されている。真の進歩は、すべてのものの成長の法則に従って、内部から展開してゆくものでなければならない。すなわち、魂の再生がその基礎におかれなければならない。社会主義は、人間の魂の変革を一貫して追求していないという点で、また暴力革命という点や、人間を革命の手段と考え個人の尊厳を重視しない点でも、キリスト教に比べて半分の真実しか伝えていない。

　エドワードは、このように考え、「社会主義は、キリスト教化されなければならない」と結論づけ、キリスト教化された社会主義を標榜するのである。

　エドワードの思想には、社会主義への積極的評価、自由放任的個人主義への批判、社会秩序を隣人愛に基礎づけようとする思考、および、地上における神の国を目指す発想がみられるのである（高城、1992、15-19頁）。

　エドワードは、萌芽的にしか述べていない最後の「地上における神の国」

第3章　ピューリタン出自の社会思想家の比較研究

について、社会福音運動が頂点に達した1911年に、YWCA（キリスト教女子青年会）に委嘱されて執筆したテキスト、『イエスの社会的教え――12講』の中で展開している。これについて、次に見てみよう。

今日、世界最大の関心は、社会問題である。われわれは、祖先とは異なり、すべての事柄に社会的側面があると考えているという事実認識からエドワードは論を開始する。このような事実認識は、正義や親切のより広範な支配と特権を持たない人々の時代とを求める根本的な願いへと結実してきた。

社会問題の解決策は、一方の極の国家社会主義から、他方の極のアナーキズムに至るまで提示されているが、どれが最善の道なのであろうかという問いを立て、それに対して、エドワードは、「イエスの社会的教え」にしたがった社会問題の解決が、唯一可能な道であると主張する。イエスの目標は、社会ではなく、個人の再生であったとする理解が、広範に流布している。しかし、それはイエスの教えの一面的な解釈である。イエスの理想は、「神の国の建設」であり、イエスは常に、正しい関係のうちに生きるよう最善を尽くすことを求めていた。こうして、エドワードは、「イエスの社会的教え」の包括的テーマは、「神の国」の建設であったと主張する。

イエスの理想は「時は満てり。神の国は近づけり、汝ら悔い改めて福音を信ぜよ」（マルコ1章15節）というイエスの最初の説教に、明確に表れている。イエスは彼の努力目標として、あらゆる人間が兄弟であるような社会の完成を求めていた。それは、地上ではじまり発展させられる救世主的王国を意味し、地上と天の生活とにおけるメシアの完成された業において、頂点に達するものである。あらゆる人間が神の支配を受け入れたとき、神の国は常に到来する。正しい愛する父は、地上に神の国を建設するよう求め続けておられる。こうして、エドワードは、「兄弟愛」の精神を持ち、すべての生活諸関係を正義と善意とで満たし、そうすることによって、「20世紀に神の国を建設」しようではないかと呼びかけている。

兄弟愛を示すのは、一方的ではあり得ない。雇用者はそれを被雇用者に向けて示さなければならず、被雇用者は雇用者にそれを示さなければならない。もちろん強者のほうに、弱者の荷をわかちもつ大きな責任がある。すべての

人は神の子どもであり、天上の父の子どもである。神は愛であり、愛の精神が神の子どものおのおのの生活全体をコントロールするはずである。各人は、神のうちにあるかぎり、生活諸関係を兄弟愛の精神で満たすはずである。そのとき神の国は到来するであろうし、すでに到来している。このように、エドワードは、結論づけている。

　社会福音運動の目標は、この「地上における神の国建設」に向けられていたのである。こうして、エドワードは、貧困問題を解決することが今日的課題であると主張するに至る。貧困は、個人の浪費や邪悪に責任があるのではなく、主として社会がその責めを負うべきであり、もし社会的条件が変えられるならば、貧困を完全になくす希望があると、われわれは認識しているのである。そのためには、労働組合と教会とが力を合わせることが最善の道であると提言している。この提言からも、労働組合への攻撃が激しかった時代に、パーソンズの父エドワードが、左翼的な政治的立場に身を置いていたことがよくわかるのである（高城、1992、20-23頁）。

　タルコット・パーソンズも、この父の問題意識を継承し、社会正義の立場から、社会主義の近代資本主義批判、すなわち、「自由放任的で功利的な個人主義」とそれに基づく大企業指導者による労働者の搾取の批判の妥当性を認め、「自由な競争市場」を、経済的生産向上のための最も有効な制度的メカニズムであると主張し、自由放任的個人主義に基づく経済思想を説くシカゴ学派のミルトン・フリードマンやゲイリー・ベッカーらの「新自由主義経済学」を批判している。この経済学は、「自己利益の合理的追求」という功利的個人主義を前提にしており、現代産業経済において主体となっている「集合的行為者」を無視し、消費者であれ生産者であれ、市場における個人の自由と自由放任を擁護している（高城、2003、170頁参照）。この経済学は、自由放任的個人主義を認めることにより、全体的で包括的な救済を主張する「地上における神の国」の理想を否定することになるからである。この点でも、パーソンズは、父エドワードの思想を継承しているのである。また、父エドワードの説く「地上における神の国」とは、隣人愛に基礎づけを持った社会秩序の建設にほかならず、その観点から、ホッブズ問題を提示して、社会秩

第 3 章　ピューリタン出自の社会思想家の比較研究

序の問題を考え抜こうとしたのである。いずれにせよ、「地上における神の国」というエドワードの思想は、個人主義に立脚することを批判しているので、これを継承しているパーソンズの社会学もまた、社会全体を志向する「社会システム論」となったのである。

　最後に、キリスト教的社会改革思想とヴェーバー、賀川、パーソンズの3者との関係をまとめておこう。
　3者は、社会的責任と社会正義の立場から、資本主義を批判し、労働者の利益と福祉を擁護した点で一致している。これは、キリスト教的社会改革運動が強調した思想であり、その意味で、3者は、この系譜に属すると言える。「地上における神の国」という、社会における全体的で包括的な救済を追求する思想は、賀川とパーソンズに共通する思想であり、これに基づき両者の論理思考は、個人主義的ではなく、「システム論的」になっているのである。
　ヴェーバーの友人ナウマンは、社会主義を「地上における至福千年」という立場から捉えているので、ナウマンには、「地上における神の国」という思想があったと言えるが、ヴェーバーがこの思想に依拠していたとまでは言えない。ヴェーバーは、国内における労働者や貧者の地位向上や大企業指導者層と労働者層の同権性という人権を強調する民主主義的立場に立っていたが、同時に、このことを実現可能なものにするためには、対外的にも国内的にも足腰の強い国民国家形成が不可欠であるとも考えていた。帝国主義という環境下において、この現実政治を特に強調するのが、ヴェーバーの特徴である。これは、キリスト教社会改革思想からの影響ではなく、彼固有の特徴と言える。ともあれ、国民国家の全体性を強調することから、彼の思考も全体的で包括的な「システム論的発想」になっており、その点では、3者は収斂しているのである。
　パーソンズは、価値絶対主義批判の立場から、このヴェーバーの「政治」を過度に重視する傾向性に対して懸念を表明し、道徳絶対主義・法絶対主義・経済絶対主義・政治絶対主義のいずれにも属さないでそれらのバランスを考慮するのが、自分の立場であると表明している（高城、2003、169頁参照）。

「社会主義」を積極的に評価し、それをキリスト教化することをパーソンズの父エドワードと賀川は強調している。パーソンズは父のこの思想を継承しているので、社会主義の積極的評価という点で、賀川とパーソンズは一致しているのである。これに対して、ヴェーバーは、現実の社会主義は、プロレタリアートの独裁ではなく、官僚の独裁になり、この官僚支配の国家体制は、国家に対する親方日の丸的な依存体質を生み、効率的な経済発展を阻害し、そのため、資本主義に比べて生産力の点で劣っていると、「社会主義」を批判している。ヴェーバーにとっては、この官僚制は、資本主義にも社会主義にも同様に見られる現代の傾向であり、「個人主義的自由」を守るため、この官僚制を何ほどかコントロールする体制が必要であり、この体制として人民投票的指導者民主制という強力な政治指導者が官僚をコントロールする体制を構想している。ヴェーバーは、この体制により、官僚のコントロールが可能となり、また、企業家と労働者が同権的立場から闘争する自由を認めることにより、社会移動が可能となり、格差是正が行われると考えている。

このヴェーバーに見られる個人主義擁護の立場は、賀川とパーソンズの個人主義批判の立場と鋭く対立している。私見では、これは、賀川とパーソンズには、「地上における神の国」という思想があるが、ヴェーバーには、この思想がないことによると推測している。

3　社会科学の基礎理論

本節での目的は、ヴェーバー、賀川、パーソンズの3者の社会科学構築のための基礎理論を検討することにある。その目的に接近するために、本節では、最初に、主意主義的思考を取り上げ、次に、目的論的思考、合理化論的思考と進化論的思考を検討し、最後に、文化論的思考を論じることにする。

では、主意主義的思考から見ていこう。

第 3 章　ピューリタン出自の社会思想家の比較研究

3.1　主意主義的思考

　最初に、ヴェーバーの主意主義的思考から見ていこう。

　ヴェーバーは、彼の社会学を、主意主義を基盤にして定義している。

　彼は、『経済と社会』の中の「社会学の基礎概念」において、社会学の定義とその基盤である主意主義について、以下のように述べている。

> 「社会学（この言葉はきわめて多義的に用いられているが、ここで理解される意味における）とは、社会的行為（soziales Handeln）を解明しつつ理解し、これによってその行為の経過とその結果とを因果的に説明しようとする一つの科学のことをいうべきである。
> 　『行為』とはここでは、行為者または諸行為者がそれに主観的な意味を結びつけるとき、かつその限りでの人間行動（それが外的または内的な行いであっても、不作為または忍容であっても問題ではない）のことをいうべきである。
> 　しかし『社会的』行為とは、行為者または諸行為者によって思念された意味（gemeinter Sinn）にしたがって他者の行動（Verhalten）に関係させられ、かつその経過においてこれに方向づけられている行為のことをいうべきである。」（Max Weber, 1972, *Wirtschaft und Gesellschaft*, S.1. 以下、*WuG* と略記；ウェーバー、1969、7 頁）

　ここで、ヴェーバーは、人間行為の成立要件を、「主観的意味」と表現しているが、それは、「意識的」、「意図的」に対象に対することを指しているのである。ここには、ヴェーバーが、「主意主義」的視点から、社会学を構成しようとしていることが明確に表現されているのである。

　次に、賀川豊彦の主意主義について見てみよう。賀川豊彦全集第11巻の「新協同組合要論」では、これについて、以下のように述べている。

「即ち生理経済の時代から感覚経済の時代へ、更に意識経済の時代へ進展する。意識経済の時代は心理性を帯びるのである。

　意識経済の時代に入ると注意力は広告に表現され、聯想は門鑑、門標、名刺、徽章、土産もの、銅像というようなものに現れる。

　判断は、判事、検事、弁護士等を必要とし、検査場が求められる。推理は、兜町、茅場町、堂島等の取引所の出現となり「先もの」と称して「無い」ものを三年先の「物」として取り扱うのである。

　知識は学校経済を生む。この経済も大したものである。又各種の学術研究所を要するのである。」（賀川、1982b、488頁）

　賀川は、このように、経済行為の発展の歴史を、生理経済の時代・心理（感覚）経済の時代・意識経済の時代の３段階に区分している。この３段階は、全集第11巻の「キリスト教兄弟愛と経済改造」では、次のように説明されている。

　生理経済の時代は、衣食住の最低限のものが満たされる原始的な時代であり、心理経済の時代になると、目・耳・鼻・口等の感覚官能に関心が向かうようになる。さらに、意識経済の時代にはいると、人間の意識が抽象的となり、経済学や広告や先物取引が盛んになり、判断のために検事や弁護士の職業が、美的感情のために芸術的職業家が、知的欲求を満足させるために新聞、雑誌や著述家が現れてくる。宗教意識も発達し、宗教団体やその指導者である宗教教師も出現するようになる（同前書、173-174頁）。

　前述したように、賀川は、近現代が「意識性」の時代に入ったことを強調している。この点において、賀川にも、ヴェーバーと共通した主意主義的思考が見られるのである。

　次に、パーソンズについて見てみよう。

　パーソンズは、『社会的行為の構造』の中で、自然体系・行為体系・文化体系の区別を行っている。自然体系と行為体系が通常の意味での経験的な科学理論の体系であり、それに対して、文化体系は特殊な地位を占めている。

その理由は、経験科学が対象としているのは「時間の中の過程」だからである。自然体系の準拠枠に含まれているのは、「空間」と関連するかぎりでの「時間」である。行為体系においては、「目的―手段図式」に関連するかぎりでの時間である。それに対して、文化体系は、「非空間的で無時間的」という2つの点で、自然体系や行為体系とは違うのである。それは、ホワイトヘッドの言葉を使うならば、「永続的客体」から構成されている。その意味で、時間という範疇が適用不能な客体である。そこには過程が含まれない。永続的客体である文化体系は、物として存在するのではなく、象徴として存在している。それは、個々人の「精神の中に」おいてのみ、客体として存在する。それらはそれ自体として外的観察によっては見いだされず、象徴的表出を通じてはじめて見いだされる。それは、象徴の意味的体系における永続的客体の織りなす相互関係として把握できる。行為体系との関係からみると、文化体系は、一方では、行為の過程の産物であるが、他方では、「理念」のように行為を条件づけている要素でもある。自然・行為・文化という3種類の体系は、明確に区別されなければならないが、それらはすべて客観的知識の全体の一部を構成しているのである。自然体系との関係で行為体系をみれば、行為は物的世界によって条件づけられていると同時に、物的世界を変化させるものでもあるということになる。

　文化科学を別にすれば自然科学と行為の科学は、経験的な分析科学である。行為の科学は、空間の準拠枠との無関係性と目的手段図式の採用、および「主観的観点の不可欠性」という点で、自然科学とは区別されるのである。行為の科学には、自然科学とは全く無縁な理解という方法が不可欠となるのである（Parsons, 1968b, pp.762-765. パーソンズ、1996、182-186頁）。

　このように、パーソンズは論を展開しているのである。これまでのパーソンズの論の展開からみて、象徴の意味理解を追求する文化科学にも、「主観的意味理解の観点」は不可欠であるということになる。文化体系ならびに行為体系の考究を行う社会学には、「主観的意味理解」が不可欠なのである。パーソンズの社会科学的思考にも、ヴェーバーや賀川と同様に、この「主意主義的思考」が通奏低音として鳴り響いているのである。

3.2　目的論的思考、合理化論的思考と進化論的思考

次に目を転じて、3者の目的論的思考について見てみよう。

初めに、ヴェーバーの目的論的思考から論じてみよう。

ヴェーバーの目的論的思考は、社会的行為の4類型（目的合理的行為、価値合理的行為、感情的行為、伝統的行為）に集約的に表現されている。彼は、最初に、「伝統的行為」について、以下のように述べている。

> 「厳密に伝統的な行動は純粋に反射的な模倣と全く同様に———一般に『有意味的に』方向づけられた行為と呼ばれうるもののまったく限界に、かつしばしばその彼岸に立っている。なぜなら、このような行動は日常の刺激に対する、いつしかなじんだ定位の方向において無感覚に経過する反応にすぎないことがきわめて多いからである。あらゆる慣用的な日常行為についても、その多くはこの類型に近い。ところで、この類型がこうした体系に属するのは、ただ極限の場合としてだけではない。また、（後に述べるが）程度と意味とを異にしてはいるが、慣用的なものとの結びつきが意識的に保持されうるからでもある。そしてこの場合には、この類型は第二類型に近づいてくる。」（*WuG*, S.12. ウェーバー、1969、40-41頁）

第2類型の感情的行為については、次のように述べている。

> 「厳密に感動的な行動もまた、意識的に『有意味的に』方向づけられている行動の限界に、かつしばしばその彼岸に立っている。それは、非日常的な刺激に対する無制限の反応でありうる。それは、感動的に制約された行為が感情状態の意識的な発動として起こる場合には、一つの昇華（Sublimerung）である。その場合には、たいてい（かならずというのではないが）、それはすでに価値合理化への、または目的行為への、またはその双方への途上にあるといえる。」（*WuG*, S.12. 同前書、41頁）

第3類型の価値合理的行為については、以下のように述べられている。

「行為の感動的な方向づけと価値合理的な方向づけとは、行為の究極目標の意識的な形成とこうした究極的なものへの行為の、一貫した計画的方向づけが後者にはみられるという点で、区別される。その他の点では、両者は共通したものを持つ。すなわち、両者にとって、行為の意味は現在の成果の彼岸にあるのではなく、或る一定の行為そのもののなかにある。現実の復讐、現実の快楽、現実の献身、現実の瞑想的な至福への自己の欲求、または現実の感情（それがいかにさもしいものであろうと、崇高なものであろうと）の鎮静への自己の欲求を満たす人は、感動的に行為する。

予想される結果を顧慮することなく、義務、名誉、美、宗教的使命、敬虔、またはその種類を問わず或る『仕事』の重要性が彼に要求すると思われるものへの確信にしたがって行為する人は、純粋に価値合理的に行為する。（われわれの述語の意味における）価値合理的な行為とは、つねに、行為者が自らに向けられていると信ずる『命令』に対する、あるいは『要求』に従う行為のことである。」（*WuG*, S.12f. 同前書、41-42頁）

第4類型は、目的合理的行為であり、これについては、以下のように述べている。

「自己の行為の目的、手段及び副次的な結果によって方向づけ、且つその際目的に対する手段や、副次的な結果に対する目的や、最後にまたさまざまの、可能な目的をも相互に合理的に考量する人、したがっていずれにしても、感動的（そして特に情緒的）にも伝統的にも行為しない人は目的合理的に行為する。相争い、かつ相矛盾する目的と結果との決定は、その場合、価値合理的に方向づけられてありうる。つまり、その場合には、行為は、その手段においてのみ目的合理的である。あるいは、

行為者は、相争い、かつ相矛盾する目的を、命令と要求に価値合理的に方向づけることなく、ただ与えられた主観的な欲求活動として、かれによって意識的に考量されたその緊急性の枠内にもちこむことがありうる。そしてこれに向かって彼の行為は方向づけられるので、この可能性への序列において、目的は満足されることになる(『限界効用』の原理)。したがって、行為の価値合理的な方向づけは目的合理的な方向づけと様々な関係に立ちうるわけである。しかし、目的合理性の観点からすれば、「価値合理性」はつねに非合理的であり、しかも、それが行為の向かう価値を絶対的な価値に高めれば高めるほど、ますます非合理的となる。なぜなら、価値合理性にあっては、実際行為の固有の価値(純粋な心情、美、絶対善、絶対的義務)だけがそれ自体の目的のために無条件に考慮されればされるほど、行為の結果についてはますます反省されなくなるからである。」(*WuG*, S.13. 同前書、42頁)

　これらの社会的行為は、合理性と非合理性、自足性と道具性という尺度を基準にして分類すると、価値合理的行為は、合理的で自足的な行為、目的合理的行為は、合理的で道具的な行為、伝統的行為は、非合理的で道具的な行為、感情的行為は、非合理的で自足的な行為に分類される。目的合理的行為は、「複数の目的」とそれを実現するための手段を考慮しながら計算を行い、複数の手段を選んだ場合の「結果」を比較考量し、その中から結果として最適のものを選択する最適化を志向する行為である。そのため、目的合理的行為は、合理的で道具的な側面を持っているのである。価値合理的行為は、「唯一の目的」とその実現手段を選択して行為するが、ここでは、唯一の価値に忠実に生きること自体が大切とされ、結果は問わないのである。その意味で、価値合理的行為は、自分の信ずる価値に対して合理的で、自足的な側面を持っているのである。伝統的行為は、端的には伝統的慣習を守るという形で現れる。しかし、伝統的慣習をその根源で支えていた合理的根拠が忘却され、ただ伝統だからという理由でその慣習が固定的に墨守されるのである。したがって、伝統的行為は、非合理的で道具的側面を持つ。感情的行為は、怒り

や悲しみ等の感情を表出する行為であり、感情を表出すること自体が優先され、合理的考量が行われないので、非合理的で自足的な側面を持つのである。
　パーソンズが主張するように、この４類型の基軸となっているのは、「目的─手段関係」の持つ合理的側面なのである。目的合理的行為は、複数の目的の中から最適の手段を選択する行為であり、価値合理的行為は、単一の目的に対応した手段を行使する行為である。伝統的行為も、その根拠が忘却されたとはいえ、その最初期においては目的があり、その手段として慣習が作られたのであり、その意味では、この行為も「目的─手段関係」を内包しているのである。感情的行為そのものは、非合理的で自足的であるが、この行為が、カリスマ的指導者への帰依と結びつくとき、価値合理的な側面を帯びるようになり、「目的─手段関係」を持つようになるのである。ヴェーバーは、この４類型を提示するとき、「４類型間の移動」という「流動的な側面」も指摘しているのである。パーソンズは、感情的行為は、行為の合理性の埒外にあると指摘しながらも、同時に他方で、感情的行為がヴェーバーのカリスマ的支配・伝統的支配・合法的支配の３類型の中の「カリスマ的支配」と結びつく場合があることに注意を促しているのである（Parsons, 1968b, pp.642-649. 同前書、６-17頁参照）。
　以上述べたことから、ヴェーバーの社会学には、この目的論的思考がその核心におかれていることがわかるのである。

　次に、ヴェーバーの合理化論的思考を見ていこう。
　ヴェーバーは、『プロテスタンティズムの倫理と資本主義の精神』の中で、資本主義が成立するための開始期には、勤勉・公正・節約の徳目を有するピューリタン的禁欲の精神が不可欠であるが、勝利を遂げ、出来上がった資本主義システムは、もはやピューリタン的禁欲の精神を必要とせず、労働者に対して「労働意欲」を「強要できる」と述べている。なぜなら、資本主義経済システムは、労働意欲のない労働者を、資本主義に適していない者とみなし、失業させるという形で淘汰させてしまうからである。ヴェーバーのこの見解は、ダーウィンの適者生存の論理を認めていると考えられる。

以下に、ヴェーバーがこのことに言及している箇所を抜き出してみよう。

「が、ともかく、禁欲は今や労働からこうした——今日では、資本主義によって永久に絶滅されている——現世的な世俗的な刺戟をとりさって、それを来世の方向にむけた。職業労働はそのものとして神の意志に適うものとなった。現今における労働の非人間性、つまり個々人の立場から見て喜びが少なく、意味のないことが、ここでは宗教的光明をさえ与えられるのである。発生期の資本主義は、自分の良心のために経済的搾取に甘んずるような労働者を必要とした。今日ではその基礎は固まっており、来世という刺戟なしでも、彼らの労働意欲を強要することができるのである。」（Max Weber, 1920, *Gesammelte Aufsätze zur Religionssoziologie I*, S.200f. 以下、*GAzRI*と略記；ウェーバー、1968b、243頁）

「今日では禁欲の精神は——最終的にか否か、誰も知らない——この外枠から抜け出てしまっている。ともかく勝利をとげた資本主義は、機械の基礎の上に立って以来、この支柱をもう必要としない。」（*GAzRI*, S.204. 同前書、246頁）

ところで、『経済と社会』の「宗教社会学」では、原初的な宗教心から高度な宗教心までの説明が行われている。パーソンズは、これをヴェーバーの進化論であると考えている。しかし、ヴェーバーは、この宗教の発展を「進化」という言葉は使わないで、「合理化」という言葉で説明している。進化という言葉には、障碍の壁を乗り越え進んでいく「明るく楽観的」なイメージを感じるが、ヴェーバーは、『古代ユダヤ教』の中で、「預言の窒息」に言及している。預言者は、預言により、この世界に究極の意味を提示する存在とされ、それは、「合理化」の結果、死を余儀なくされるものと捉えられており、「進化」という言葉とは著しく違う響きを持っている（Max Weber, 1921, *Gesammelte Aufsätze zur Religionssoziologie, III*, S.399. 以下、*GAzRIII*と略記）。

第3章　ピューリタン出自の社会思想家の比較研究

「合理化」は、近代社会を作り出す推進力となったという意味において、開明的な光の側面を持っているのであるが、それとともに、社会組織の全般的官僚制化という「鉄の檻」をも生み出すとされ、その影の側面をも浮き彫りにしているのである（*GAzRI*, S.204.）。

これは要するに、ヴェーバーが、目的論的思考をしていると言えるが、彼は、目的論的思考と進化論的思考を連動させることはしていないのである。ヴェーバーは、社会が進化を遂げているという一方的な価値づけの見方を避けるため、「進化」ではなく、「合理化」という用語をあえて用いているのである。社会には、光と影という両義的な側面を帯びた多様な展開があるのであって、その明るい一面だけを強調するのは一面的であるというのが彼の根本的な思考なのである。その思考は、彼の代表作の一つである『プロテスタンティズムの倫理と資本主義の精神』の末尾に出てくる次の文章に如実に表現されている。この「価値留保的な叙述」の中に、彼の「価値自由論」の立場が鮮明に表れているのである。

　　「将来この外枠の中に住むものが誰であるのか、そして、この巨大な発展がおわるときには、まったく新しい預言者たちが現れるのか、或いはかつての思想や理想の力強い復活がおこるのか、それとも――その何れでもないなら――一種異常な尊大さでもって粉飾された機械的化石化がおこるのか、それはまだ誰にもわからない。」（*GAzRI*, S.204.）

次に、賀川の目的論的思考について見てみよう。

彼は、妾の子として生まれたこと、少年時代のいじめの経験、青年時代に罹った結核の病、神戸新川の貧民窟での経験から、社会悪や宇宙悪の意味について思索を始めたが、晩年は、その思索を宇宙目的論として展開するに至った。その軌跡の概略について、まずは、宇宙悪からみてみよう。

　　「私の一生の研究題目は、宇宙悪の問題であるが、十六歳の頃からこの問題が私を執へた。そして私は、悪の方面から宇宙を研究したときに、

悪を跳ね返して進む一つの力がその中にあることを発見したのである。
　宇宙に大きな秘密がある。私が弱者、貧者のために命を棄てる其中に、私は一つの宗教を発見したのである。十字架の精神！　即ちイエスは単に宇宙悪に対しての挑戦者であったのみでなく、苦しめる者は繃帯し、痛める者を癒す人格的白血球運動者として、自らの使命を自覚せられたのである。」（賀川、1973a、「イエスの宗教とその真理」、192頁）

「宇宙の法則中に一つの補償作用がある。宇宙意志のうちに身体に異常が起こって有毒物が或箇所にできると、無数の白血球がその箇所に集合してきて、防禦線を張り、敵と戦ひ、自らを殺して身体の保全を図る一つの生理的救済作用があるが、それと同じように――苦痛を癒さんとする法則が実在することを発見して、救済宗教を確立されたのがイエスの宗教であった。」（同前書、191頁）

　賀川は、イエスの十字架の精神の中に、人間の罪を赦し、苦しめる人や痛める人を癒し、修復する人格的白血球の力が働いていることを発見したのである。彼は、これにより、宇宙悪の力に打ち勝つことができるのを確信したのである。
　ところで、この贖罪愛との関係で、賀川は、罪について次のように述べている。

「完成の道に向かってゐない者は罪人である。生命の側から考えて、迷と、病気と、不完全は罪である。我の方面から考えて、愛の不足、不法、不徹底は罪である。更に神の立場から見て、不敬虔、不柔順、不遜、不信は罪である。」（同前書、165頁）

　賀川にとって、罪とは具体的には、生の否定、無気力、成長の停止、迷い、不完全、不徹底、病等なのである。社会悪もこの観点から捉えられることになる。ここから、社会の不完全さを克服するため、社会運動により、完全な

第3章　ピューリタン出自の社会思想家の比較研究

社会を作っていくという志向性が生まれることになったのである（隅谷、1966、189頁参照）。

　罪の不完全性の克服は、彼の進化論と結びついて、宇宙の進化、人間の完成として捉えられることになる（同前書、190頁参照）。

　　「神を中心として宇宙が進化し、人間が完成すると考えたのが、イエスの弟子パウロの考えであった。」（賀川、1973c、27頁）

　宇宙悪の問題が完成の視点から俯瞰されたとき、賀川の宇宙悪論は宇宙目的論へと展開していったのである。

　　「成長、進化の世界に於ては、生命は合目的性を持って根本原理としている。しかし、この合目的性の世界は力、化、成、選、法の五つの次元が完全に一致しなければ、生まれ出でないものである。生命世界においては、さらにこれが複雑化し、加重化する。その結果、ただ一つの次元において変動があっても狂いが起り、目的の世界から見れば、偶然として映る事象を生ずるのである。」（賀川、1982d、411-412頁）

　　「このような錯綜のあり得ることを初めから考えて、宇宙悪としての『ずれ』を認め、その『ずれ』の部分を修繕する修理、再生の原理も、宇宙に伏在しているのである。この信仰が宗教の領域である。
　　しかし考えようによると、この『ずれ』があればこそ、変転自在な組み合わせを通して、新しき世界の創造も可能なのである。」（同前書、413頁）

　宇宙には、力、化、成、選、法の5次元があるが、その進展過程でずれが起こり、それを修復しながら発展していくと捉えられている。この宇宙悪としてのずれを修復し再生させるものこそ、前述した十字架の贖罪愛の力なのである。

この不完全を克服し、社会と宇宙の完成を目指す彼の目的論的思考には、キリスト教的社会主義の理想である「地上における神の国」思想がその一つの基調となっていると考えることができる。第二次大戦下で、思想弾圧が強まり、特高警察等の監視下で身動きができなくなったとき、彼の思考は地上目的から宇宙目的へと向けられたのである。第二次大戦時、刑務所で囚われの身となったときに見たキリスト体験が、彼にやがて自由な社会がくる希望を抱かせ、その体験に基づいて、社会の完成と宇宙の完成を構想する宇宙目的論を展開したのである（シルジェン、2007、267頁参照）。

　次に、賀川の進化論的思考について見てみよう。
　先に、賀川の主意主義的思考で述べたように、賀川は、人間の歴史を、生理経済の時代・心理経済の時代・意識経済の時代の3段階の進化発展として捉えていた。この進化発展には、生命・力・変化・成長・選択・法則・合目的性の7要素の認識枠組みが必ず伴っていると考えている。歴史には、成長が伴う。インドのような輪廻転生の因果の世界は、同じことの繰り返される円環の世界であり、非歴史的な因果の世界であり、歴史を生むことができないのである。歴史は、心理的成長を伴うものであり、心理意識の目覚めにより生産の形式を生み出すのである。また、歴史には、選択性が伴う。知識も芸術も道徳も選択がなければ生まれない。機械文明は、心理的選択作用によって発明され発見されたものである。資本主義も利益払い戻しの心理的選択性を採用すれば、協同組合社会を創設できるのである。歴史は、生命の発展史である。生命には自由があり、この自然界の変化に適応する自在的変化力そのもののうちに生命が伸び上がり、発展していくのである。生命は、物質の持っているエネルギーを吸収して力を出すことができる。生命は、力を持つが、しかし、単なる力だけではない。歴史は、精神史なのである。歴史は、法則的傾向性があり、その傾向の方向に進化発展するのである。資本主義は、確かにその唯物性により、人間社会を賃金奴隷化する傾向があるが、その資本主義を打破して生命と労働と人格の尊厳に歴史を引き返そうとする努力は、唯物的ではなく、階級意識と階級意識による団結の精神的発展にまつものな

第 3 章　ピューリタン出自の社会思想家の比較研究

のである。この精神的発展は、世界精神の把握による合目的性の努力によって達成されるのである（賀川、1982d、「人格社会主義の本質」、192-193頁参照）。

　彼は、このように、3段階の区分と7要素の認識枠組みを用いて、人間歴史を進化論的に把握している。彼は、この進化論的思考を首尾一貫させ、人間のみならず、自然や宇宙にも適用している。

　　「神を中心として宇宙が進化し、人間が完成すると考えたのが、イエスの弟子パウロの考えであった。」（賀川、1973c、「神に就ての瞑想」、27頁）

　　「赤ん坊が成長して、花嫁になるまでに順序があるように、人類の成長にも歴史的階段がある。土にまかれた種は、茎を伸ばし、穂を出し、そして蕾が開いて花が受精するように、人間の歴史に一つの大きなみのりの時があった。」（同前書、91頁）

　自然も人間も進化の過程、完成の途上にあり、そこには不完全性が伴い、矛盾や悪が存在する。自然のもつ不完全性は、宇宙悪として捉えられている。イエス・キリストにおける宇宙の大愛の結実により、不完全性は克服され、完成されるのである（隅谷、1966、190頁参照）。

　　「十字架は自然律の真理を完成する。宇宙を完成するためには、人間を完成しなければならぬ。人間を完成するためには、愛を完成しなければならぬ。愛を完成するためには、十字架を完成しなければならぬ。」（賀川、1973c、135頁）

　これにより、彼は、自然・宇宙・人間をキリスト教信仰と関連づけた独自の進化論的世界を形成したのである。彼は、この進化論的思考をさらに推し進め、宇宙目的論にまで至ったのである。
　彼の進化論的思考で特徴的なのは、目的論的思考と進化論的思考をリンク

させて捉えている点にあるが、もう一つの特徴は、生存競争よりも相互扶助を強調する点にある。

彼は、まずクロポトキンの『相互扶助論』やヘンリー・ドラモンドの『母性の進化』等を引用しながら、生存競争だけが唯一の生命進化の軌道ではなく、相互扶助もまた生命進化の軌道にあるとし、生存競争と相互扶助の両者は生命の大道に併存しているのであり、愛の力こそは、生存競争よりも根強いものであることを強調している。彼は、次のように述べている。

> 「ウエルズは生存競争というものは、それほど甚だしいものではないといっているが、実際、進化の歴史から見るとダーヴヰンのいう優勝劣敗の原則は必ずしもあてはまらないで、母性の進化をもち、性の醇化したものがかえって進化の速やかなる事実を、私たちはヘンリー・ドラモンドの『母性の進化』から学ぶのである。
> 　また動物の中でも駒鳥の如き、みそさゞいの如き、或は蟻、猿、かに、馬の如き比較的闘争力に乏しい動物が、相互扶助の風習をもっているために生存をつづけているという事実を、私たちはクロポトキンの『相互扶助論』によって教えられる。その他、ファーブルやホイラーの書物を通して、私たちは小さい昆虫が、社会性をもっているために意外に強い存在となっている事実を、興味深く学ぶのである。つまり、社会性の進化した『友愛』をもつもの——言い換えれば、社会愛を把持したものが生存競争場裡に立っても、最も強者であるということを知るのである。」
> （賀川、1982a、「世界国家」、319頁）

このように、賀川は、相互扶助や愛こそが生物や生命の進化を根本において支えているものだと確信している。

最後に、パーソンズの目的論的思考と進化論的思考について見てみよう。

パーソンズは、『社会的行為の構造』の中で、「行為の準拠枠」について、次のように述べている。

「まず第一に、構造的要素には、目的、手段、条件、そして規範という最小の区別がある。これら四つのすべてを特定化することのできないような行為の記述は意味がない。それはちょうど、質点を記述するには若干の最小属性があり、そのいずれを欠いてもその記述は不完全なものになるのと同様である。第二に、これら諸要素間の関係づけのなかに行為の規範的志向、つまり目的論的性格が含意されている。行為はいつでも規範的と条件的という二つの次元を異にする要素の緊張関係の中に置かれている、と考えなければならない。ある行為をその過程に注目してみれば、それは条件的要素が規範に同調させられる方向に変化していくものとして捉えることができる。この規範的要素を排除することは行為概念そのものを排除することであり、そうなれば極端な実証主義の立場に行き着くしかない。条件の排除（これもまた上の緊張関係の排除を意味する）もまた、同様にして行為概念それ自体の排斥につながり、理想主義的な流出論に帰着せざるをえないことになる。このように、条件をその一方の端に置き、他の端には目的と規範的ルールを据え、そしてその両者を結びつけるものとして手段と努力が配置される。

　第三に、本来この準拠枠には時間的要素が含まれている。行為は時間を含んだ過程である。行為の目的論的性格に対応して、規範的要素と非規範的要素との間には時間軸が関わっている。目的の概念には将来への言及、つまり予期されてはいるが行為者の介在なしには存在し得ないだろう事態が含まれている。行為者の頭の中では、目的は状況と同時的に、しかも『手段の選択』に先立って存在している。そしてこの後者は、結果に先行していなければならない。こうした諸要素間の関係が記述されうるのも時間軸に沿ってのことである。最後に、その図式は、これまで議論してきたような意味で本来的に主観的なものである。このことはつぎの事実、すなわち規範的要素は行為者の心のなかにだけ『存在する』ものとして考えることができるという事実によってこの上なく明瞭に示されている。」(Parsons, 1968b, pp.732-733. パーソンズ、1996、140-141頁）

単位行為は、目的・手段・条件・規範によって構成される。この準拠枠により、行為者は、時間軸に沿って、将来実現してほしい目的を思い浮かべながら、特定の条件下で、目的実現のために最も適した手段を、何らかの規範に照らして選択し、目的達成を目指そうと努力する存在なのである。この目的―手段図式は、心の中に存在する規範的要素に依拠して手段を選択し、目的実現を図ろうとするのであるから、本来的に「主観的なもの」なのである。パーソンズは、この主観性、すなわち主意主義の側面を強調し、そのために規範的要素を取り入れ、ある条件の中で、規範に依拠して、目的実現のための手段を選択するという行為図式を主張している。彼の目的論的思考は、目的・条件・手段・規範という行為構造を持つ行為図式に端的に示されている。彼の目的論的思考は、最晩年には、サイバネティクス制御の発想を取り入れ、情報最大でエネルギー最小の究極目的システムであるテリックシステムを構想するに至った。このシステムは、最上位のシステムであり、行為システム・社会システム等を支え制御するメタシステムなのである（Parsons, 1978）。
　この最晩年の目的論には、ピューリタンであるパーソンズのキリスト教的発想が色濃く表れていると言えよう。

　次に、パーソンズの進化論的思考について見てみよう。
　初期のパーソンズは、進化論に関心を持っていた。それは、アマースト大学時代に生物学的進化論を学んだからであった。彼は、この当時、生物だけでなく、文化や社会についても進化論が適用できるのではないかと考えていた。しかし、同時に、パーソンズは単線的進化論を批判し、文化の相対性を主張する人類学分野の文化相対主義にも同意していたために、この時代には、文化相対主義の機能主義的思考が主軸をなし、彼の進化論的思考はまだ展開されていなかった。彼の機能主義的思考と進化論的思考が連結し、進化論的展開が行われるのは、1960年代中葉になってからである。1966年出版の『諸社会――進化論的・比較論的展望』にその思考がよく表れている。彼の進化論は、文化的相対主義が批判した単線的進化論を乗り越えた「複線的社会進化論」であった。それは、生物の「多様性」と「適者生存性」を説明するた

めに、生物進化論で提起されていた「適応」と「突然変異」の概念を結合したものであった。さらに、パーソンズは、「目的論的思考」を取っていたため、彼の進化論も偶然論を採用せず、「目的論的思考」を取り入れたものになった。彼の進化論は、目的論的進化論なのである。彼は、適応・突然変異・目的というキー諸概念を結合させ、統一的に説明するための理論を模索していた。生物の進化に多様性と統一性があるように、社会にも多様性と統一性があるはずだというのが、パーソンズの信念であった。その信念を説明するための理論として、彼の進化論的思考に取り入れたのが、ノーバート・ウィーナーが提唱したサイバネティクスの考え方であった。サイバネティクスは、目的論を前提にし、フィードバック的制御により、目的を志向するように考えられた理論であった。サイバネティクス理論と進化論の適応・突然変異概念が結合することにより、社会の目的性・適応性・変異性が統一的に説明可能となる、と彼は考えたのである。変異性から社会の多様性、すなわち、諸社会の複線的進化が導き出され、サイバネティクス的制御により、社会の目的性・適応性・変異性が統一的に把握されることにより、社会の多様性と統一性が同時に説明可能となるのである（高城、1992、253-261頁；松岡、1998、3-65頁参照）。パーソンズは、『社会的行為の構造』を出版していた当時から、目的論を前提にし、目的を達成するための手段を選択する基準として、規範を重視していた。もちろん、手段を選択する際には、その条件としての社会環境も考慮しなければならないと考えていた。この目的・手段・条件・規範という行為の準拠枠自体の中に、すでに進化論の適応性や淘汰性としての選択性が内包されているのである。この行為の準拠枠とパターン変数的思考がさらに展開され、AGIL図式となって結実するのである。AGILとは、A：adaptation（適応）、G：goal attainment（目標達成）、I：integration（統合）、L：latency（潜在的パターンの維持）の略で、この4区分でパーソンズは社会をシステム論的に説明している。このAGIL図式に、サイバネティクス的思考を取り入れることによって、後期パーソンズは、進化論的かつ比較論的な社会理論を完成させることになったのである。後期には、彼は、彼の図式を、AGIL図式ではなく、LIGA図式と呼ぶことになった。初期パーソンズも規範

の重要性を認識していたが、後期になってそれがいっそう前面に出てくることになったのである。それは、サイバネティクス的思考を取り入れ、エネルギー最小で情報最大のものが、エネルギー最大で情報最小のものを制御するというヒエラルキー的思考によく具現されている（Parsons, 1977, p.120）。すなわち、究極的実在である神が最上位にあり、その下に文化体系、さらにその次にLである信託体系が位置しており、それにより、規範的なものが社会を制御する正当性が与えられているのである。パーソンズの社会進化論的思考は、ヴェーバーの目的論的思考である比較宗教社会学の発想とサイバネティクス理論を結合したものとなっている。松岡雅裕が、『パーソンズの社会進化論』で、サイバネティクス的思考により、パーソンズは、反エントロピー的思考をしていると述べているのは示唆的である（松岡、1998、37頁）。

　主意主義に立脚し、功利主義を否定して倫理的側面から社会科学を構想するヴェーバーに共鳴しつつも、「合理化」の進展がもたらす「鉄の檻」というヴェーバーの暗い未来社会予想に生涯違和感を感じたパーソンズは、「合理化」という言葉ではなく、「進化」という言葉を使用したのである。パーソンズが、『社会的行為の構造』の中で、ヴェーバーの「合理化」の宿命論的な性格を取り上げ、それは、熱力学の第2法則と類似しているとし、その思考は、エントロピー増大の結果としての「破壊」という宿命論的帰結に行き着くとしているのは示唆的である。パーソンズは、ヴェーバーの「合理化」という捉え方に対して、この発想は、「概念の実体化」に陥っており、彼の理念型概念にはこの傾向があると批判している（Parsons, 1968b, pp.751-753. パーソンズ、1996、168-170頁）。

　両者のこの相違は何に由来するのであろうか。それは、ヴェーバーが、「地上における神の国」を信ずることができなかったのに対して、パーソンズがそれを信ずることができた点にあると考えられる。

　このように、パーソンズは、ヴェーバーの合理化論に、熱力学の第2法則であるエントロピー増大の法則と類似の思考を感じ取り、その思考は、宿命論的陥穽に陥ると考えていた。パーソンズは、それを克服するために、ウィーナーのサイバネティクス理論を取り入れ、それによって、彼の進化論的思考

を完成させたのである。

3.3 文化論的思考

次に、3者の文化論的思考について見ていこう。

最初に、ヴェーバーの文化論的思考から見てみよう。

ヴェーバーは、彼の著書である『古代ユダヤ教』の中で、文化意義の観点の重要性を強調している。彼は、次のように述べている。

> 「ところで、ユダヤ民族の宗教発展が世界史的意義をもつのは、かれらがなかんずく旧約聖書を創造したことにもとづくのである。というわけは、パウロの伝道の最重要な事業の一つが〔一方においては〕このユダヤ人の聖書をキリスト教の聖書たらしめてこれを保存せしめながら、しかも〔他方では〕このばあい、この旧約聖書の中に教えこまれている倫理のなかで、あのほかならぬ賤民的存在状況というユダヤ人に独特なる遮断的姿勢と儀礼的に堅く結びついている倫理の諸特徴を、救済主キリストが無効を宣言したがゆえに、もはや拘束力なきものとして一切廃棄したということ、であったからである。……おもうに、神の子の贖罪死というキリスト教の教義が、外部的には類似した他のいくたの密儀教の教説と、ことなったその特異性において発展をとげることができたということは、まさにあの予言者的苦難の神義論 Theodizee des Leidens（イザヤ書40章-55章）を書きしるした捕囚期の、無名の偉大な予言者の非常にユニークな約束があったればこそと思われるのであって、もしもこの神義論がなかったならば、ことに、教えをなし、罪なくしてしかもみずからの意志で罪の犠牲として悩みを負ひ、そうして死んでいく、という『ヤハウェの僕』の教義がなかったならば、人の子の奥義 Menschen-sohn-Esoterik という後の教説にもかかわらず、そういう特異な発展はありえなかったと思われるからである。ところで他面では、ユダヤ教は、マホメットの告知を決定的に誘発し部分的にはその原型となったのであ

る。かくして、われわれがユダヤ教の発展諸条件を考察するときに、われわれは西洋および近東の全文化発展の一主要点に立つのである。」
(Weber, 1921, *GAzRIII*, S.6f. ウェーバー、1971、6－8頁)

　この文化意義の観点は、彼の理念と利害関心の定式では、エネルギーは持つが方向性を持たず、そのままでは運動を展開できない民衆を導くものとして、思想家や宗教家等が理念を提示することにより、民衆がどこからどこへ向かったらよいのかという方向づけの進路が示され、運動を展開できるようになると表現されている（*GAzRI*, S.252）。
　物的経済的利害と内的心理的利害を持つ民衆が、その利害関心を満たしてくれる理念に出会い、その理念を受け入れることによって、その理念が民衆の中に浸透し血肉化して定着したものを、ヴェーバーは、エートスと表現した（*GAzRI*, S.238）。ヴェーバーの文化意義の観点は、理念と利害関心の関係を巡って展開されている。それは、具体的には、理念や利害関心の担い手としての社会層とそのエートスの分析という形を取っている。その文化論的思考は、比較と関係性に着目し、世界文明の比較宗教社会学的分析となって結実したのである。
　その比較宗教社会学の中で、文化意義の観点から特に注目されるのは、「苦難の神義論」である。「幸福の神義論」は、自分たちが幸福であるのは、自分たちが真面目に行動してきたから、そのご褒美として、現在、幸福な状態にあるのだと説明できるし、また説明しやすいのであるが、それに対して「苦難」を正当化するのは、はるかに困難なのである。「苦難の神義論」は、苦難をどのように正当化しているのであろうか。それは、苦難の状況の只中にある民衆に対して、その意味づけを与え、苦難の正当化をすることによって、民衆の自信を回復させ、民衆がこの苦難を乗り切ることを可能にする思想なのである。それにより、民衆は生きる勇気を取り戻し、彼らの置かれた苦難の社会状況を受容することになるのである。それにより、民衆は、彼らの苦難の状況定義ができるようになるのである。ヴェーバーの『古代ユダヤ教』では、イスラエルの民が亡国状態に置かれたときに出現したとされる第2イ

ザヤの思想が、苦難の神義論の典型として挙げられている。この思想は、「苦難の僕」と表現されている。この「苦難の僕」は、見るべき見栄えなく、罪科もないのに、人々に棄てられ、嘲られ、むち打たれ、軽蔑され、死んでいくと第2イザヤは述べ伝えるのである。この苦難の意義は、何か。それは、この「苦難の僕」がこのように苦しむことによって、人類の罪を贖いこの世界を救済するのだと意義づけられるのである。この苦難の僕は、亡国状態の中で塗炭の苦しみを余儀なくされている敬虔なイスラエルの民を象徴的に表しているのである（*GAzRⅢ*, SS.381-392）。この思想は、後の時代に、パウロによって、イエスをキリストとして把握する解釈を生み出すことになったのである。すなわち、パウロは、イエスの十字架上での死を、世界の人々の罪を贖い救済する苦難の僕と解釈し、それによって、イエスをキリストと捉えるキリスト論を生み出すことになったのである。ヴェーバーは、「幸福の神義論」と対比させながら、この「苦難の僕」の神義論の出現とその継承を説明しているが、この彼の比較宗教社会学的分析には、文化意義を比較と関係性の側面から捉える文化論的思考がよく表れていると言える。ヴェーバーの「苦難の僕」は、『古代ユダヤ教』の中で亡国の苦しみの只中にあるユダヤの民を分析の対象とした「苦難の神義論」であったが、それは現代社会の問題を鋭く照射する論議でもある。広島、長崎の原爆死とその後遺症に苦しむ人たち、東日本大震災と福島原発の災害に苦しむ人たち、水俣病等の公害の後遺症に苦しむ人たち、薬害に苦しむ人たち、シリア等の戦火の中で苦しむ人たち、これらの人たちは、「現代の苦難の僕」なのである。

次に、賀川の文化論的思考についてみてみよう。
賀川は、その出生から青少年期に至るまで、「苦難」の連続であった。彼は、妾の子として生まれ、幼児期には、父の死、その後母の死と相次いで肉親の死に直面することとなった。父が存命中に戸籍上の手続きをしていたこともあり、両親の死後、徳島の賀川家に跡取り息子として引き取られることになったが、義母である父親の正妻みちに冷たく扱われたのであった。そのため、彼は家族の愛を知らない孤独な境遇下に育った。妾の子であるがゆえに、村

の中でいじめられもした。彼の兄の店、賀川廻漕店が倒産し、その借金返済のため、賀川家の土地や屋敷を手放すことになり、彼の実家は没落の憂き目にあったのである。また、彼は、徳島中学のときに結核に感染した。こうした苦難を背負った彼は、青年時代に人生の矛盾に悩み、絶望の底を味わい、そのことを日記に矛盾録として書き留めたのである。彼は、このようにニヒリズムに悩まされるが、その虚無の心境をぎりぎりの所で克服させたのは、彼の師であるアメリカ南長老派教会宣教師のマヤスによる家族のような愛とマヤスやローガン宣教師から伝えられたキリストの贖罪愛の教えであった。彼は、マヤスの自分に対する愛の行為と愛の運動について、次のように述べている。

「私が肺病で教会からも嫌われてゐたとき、一人の西洋人が三晩私を抱いて寝てくれた。それで私は感じた。一西洋人の暖かい親切が、私をして宗教とはこんなものだと思はしめた。私は人殺しとも火つけした人間とも一緒に寝る。人に愛せられた覚えのない人は人を愛することを知らない。キリストは、我我が人を愛するのは、神から愛せられたからだと云った。もしも我我の中に足らぬと思ふ人は、まだ愛の実例を見てゐないのである。幸ひに私は病気してゐたとき、人に愛せられた。その時愛することを教へられたのである。私が人のいゝ処を見て愛していけば、その人も亦愛することを覚えてしまふ。

愛の運動は伝染する。我々が神に愛せられている気持ちが濃厚でないと、愛の運動はうつって行かない。人に愛せられてゐると愛が解って来る。私はさういふ神の愛に感激することがある。」（賀川、1973b、「神と苦難の克服」、409頁）

上述の苦難の体験は、賀川の攻撃衝動を増加させたが、マヤス宣教師の愛の体験とキリスト教の贖罪愛の教えが結びつくことによって、その攻撃衝動は、肯定的な愛の運動へと変化していったのである。彼の攻撃衝動は、マヤスによる愛の体験とキリストの贖罪愛信仰により、憎しみがその反対のもの

第 3 章　ピューリタン出自の社会思想家の比較研究

である愛に変化する「反動形成」をもたらしたのである。さらに、十字架のイエスの贖罪死と自己との一体化は、彼に、攻撃衝動や虚無からの脱出の道を切り開かせたのだった。また、彼は、資本主義的搾取による労働者や農民等の劣悪な社会状態の変革を主張し、こうした社会悪と戦う愛の運動を組織したが、それは、社会正義を掲げ、人々の「良心」に訴える運動でもあった。それは、彼の攻撃衝動を相手の良心に訴える形に変化させたものであり、その意味で、「攻撃衝動の転化」と見ることができる。

　イエス・キリストの教えは、賀川の宗教体験により、さらに揺るぎないものとなった。それは、結核が悪化し死にそうになったときと、第二次大戦中に憲兵隊に逮捕され留置場に入れられたときに体験したものだった（シルジェン、2007、54頁、266-267頁参照）。

　マヤス体験や宗教体験に裏打ちされて、彼は、自らの宗教運動が「価値」の運動であり、「生命」の神髄に達する運動であると主張する。

　　「宗教は一種の価値運動である。人生の目的を決定し、社会律法を定め、選民の自覚に這入り、その歴史の中に神の力が加わってゐることを信じ、凡てを神から力づけられんとする価値上進の運動である。」（賀川、1973b、403頁）

　　「要するに、人間に対する最後の神殿は、生活そのものの価値運動の上に築かねばならないのである。生活即宗教！　辻の失業者と淫売婦を救済し、物質の心の奥にまで徹する科学的活動を宗教内容にするまで、宗教と宗教家の煩悶は永遠に続くのである。神聖なる煩悶、科学世界に於けるゲッセマネの園の宗教そのものを磔柱にかけてしまふ日に、まことの神が、拝せられるであろう。さうだ、宗教とか科学とか、さうした部分的の名を全部取り消してしまって、生命そのものの中に神を発見する日——その日に神は、生命の衷にあることを発見するであろう。宗教が宗教と呼ばれる間、永遠に宗教の煩悶は続く、うんと煩悶するがいゝ。宗教のあらゆる符号と形式を嚙み破って、生命の神髄に徹するまで、宗

教と宗教家は煩悶すべきである。
　表象的な神は何度でも葬式するがいゝ。唯、生命の神は永遠より永遠に、私のために存在していてくれる。」(同前書、405頁)

　苦難と愛の体験および贖罪愛の教えが三位一体となり、そこから彼の「生命価値論」という文化論的思考が発出してくることになったのである。
　賀川の「生命価値」に基づく目的論的進化論は、具体的には、当時主流を占めていた「優生学的発想」となって表れてきたのである。彼は、「優生学的見地」に立って、優種増殖、悪種淘汰の原則を提唱している。このことについて、彼は、以下のように論じている。

「私は、産児制限という言葉をあまり好まない。産児調節という言葉を使いたい。天才の子供等はどしどし生んで貰ってそのたねを、社会が保存し、最大限度まで生んで貰うがよい。
　乳牛でも、小鳥でも、食用蛙でも乃至は鶏でもよい種になるほど高価なものであるが、人間においてもそうである。……しかし、その反対に、悪質遺伝者が、子を多く生むならば、それこそ大変である。米国で研究せられたカリカッタ家族の如き、低能の男が低能の女を娶り、その結果低能児が一家族に百人近くも増殖したという。こういう場合には、すべからく産児の制限をすべきである。」(賀川、1982a、381頁)

「最もよき産児制限の方法は、優生学的見地より出発して、優種増殖、悪種淘汰の原則をとることである。
　例えば男子輸精管を切断して、子孫が増殖しない様な方法は欧羅巴において昔からとられて居った産児制限の最もかしこき良き方法である。日本に於ても癩病患者の体内伝染を防ぐために、輸精管の切断を希望者に手術せられている光田健輔氏の様な篤志家もある。私はこうした産児制限には大賛成であって、同様のことが悪質を自覚する他の疾病患者にも行われるようになると非常に良いと思う。」(同前書、383頁)

第3章　ピューリタン出自の社会思想家の比較研究

「妊婦保護の場合にも、妊婦が出産した時には乳児の問題になるから、産児制限の必要なものはその前にしなければならぬ。私は近頃の産児制限に就てはこんな考へを持っている。貧民窟の子供ほど悪質遺伝が多い。第一に後天的毒質遺伝である。毒性のものは凡て生殖腺に影響する。梅毒、アルコール、コカイン、モルヒネ、阿片、カルモチンなどはみな遺伝する。……先天的遺伝と云ふのは白痴、低能、発狂変人である。この両方が遺伝するものは生れても駄目だから、産児制限をする必要がある。だから、私の云ふ産児制限は、優生学的産児制限である。」（賀川、1982c、30頁）

「日本の農村の同族結婚を打破し、聾唖者、発狂者、低能児の数を絶滅しなければ、社会福祉法や、社会保障法を実施しても、結果に於て、民族の生産資本を消耗することになる。そこで、この優生保護の意味に於て、劣性を抑圧し、日本の優等種を保護する為めには、『ミス・ニッポン』『ミス何々』を奨励すると共に、それに精神的レコードをも附加する必要があると思う。そして、この種レコードホールダーを国家が大切にし、之を全国母子衛生組合に登簿し、遺伝学的に之を優等種として、国家は之を保護することに奨励金を出す必要があると思う。文化財保存委員会があるならば、優生保存基金があってしかる可きだと私は考えている。」（同前書、430頁）

賀川のこの発想は、現在の福祉論では、「予防福祉論」と呼ばれる立場である。障害児が生まれるのを不妊手術等の手段により未然に防止し、それでも生まれてきた障害児に対しては、社会が十分な福祉制度を整えてサポートしていくという発想である。優生結婚を奨励し、悪質遺伝者の結婚に反対しているのもその特徴である。

賀川がこれほどまでに優生思想にこだわる理由を、藤野豊は、当時の日本の世界的状況、すなわち、第一次世界大戦後、日本が世界の「五大国」の一国になったという彼の自負心に求めている。そして、その典拠として、「新

日本の宣言」（賀川、1990、71-72頁）での賀川の主張を挙げている。そこでは、アルコール依存症や性病や発狂者等の増加を阻止しなければ、「我等は優良民族として、得々白人と対決することが出来ない」と強調されているからである（藤野、1998、426-427頁）。

それに対して、同時代の生物学者の山本宣治（1889-1929）は、悪質遺伝を有する者の結婚を認め、また、他者からの統制や抑制を受けることのない自由な自己決定を奨励し、その自由な自己決定こそが、人類の生存と進化に繋がると考えていた（藤川編、2008、61-65頁参照）。

山本宣治は、以下のように述べている。

「遺伝学上好ましくない素質を有して居る事を自覚して居る場合に、それでも結婚したものであろうかといふ問題である。成程多くの優生学者は生物学の名によって斯様な結婚の禁止を命じて居る。之は結婚の唯一目的を産児と見るならば、……さうも云へるだらう。併し乍ら我々は人間であって牧場の牛や馬ではないのだ、人間である以上、恋愛の自由、結婚の自由を主張するのは当然である。

結婚に始まる家庭生活を、ひたすら生殖産児を目的とする一種の合名会社と見做し、生殖性交のみを是認し、『子無きは去る』などと臆面も無くいふ事は、……以て人間の家庭を直ちに種馬種牛の牧舎と見做さんと試みる冒瀆である。」（山本、1979、126-127頁）

山本は、産児の自由（障害児を産む自由／産まない自由）、恋愛・結婚の自由（恋愛・結婚をする自由／しない自由）等の自由な自己決定の承認を主張している。この主張は、彼の生物進化に関する次のような考え方に基づいているのである（藤川編、2008、62-65頁参照）。

「我等が進化論からする説明はたゞ『かういふ風になった』其道筋を明らかにすればよい。併し『かういふ風に落着く』迄に『あゝした風にも其外の方法にも』試みがあったけれ共、皆淘汰を受けて結局『かうした

筋道をとって来た』ことが、其生物の個体の生命を維持し、種族の保存をなすのに『都合がよい』Zweckmässであつたことが判る。」(山本、1979、653頁)

　彼は、生物進化には本来さまざまな可能性があり、そのときどきの自由な選択の中で、その一時の環境に適していた選択が生き残ることになると考えていたので、自由な選択こそが生物進化のための淘汰の前提になると考え、統制や抑制のない自由な自己決定を強調したのである。
　賀川と山本の両者を比較するとき、賀川は、優生と悪質の2項対立図式的で固定的な進化論であるという印象を拭えないのに対し、山本は、優生と悪質という2項対立図式ではなく、自由で融通無碍な進化論的発想に立っていると言えよう。賀川の目的論的進化論の箇所で言及したように、賀川は、宇宙における「ズレ」が多様な可能性を生み出すことにも気づいていた。賀川の宇宙目的論的進化論の準拠枠に立脚するならば、この「ズレ論」と「修復論」のほどよい調節的統合の中に、山本の自己決定自由進化論が位置づくのではないかと考えられる。
　賀川のもう一つの問題点は、彼の「予防福祉論」的発想が、弱者である障害者抹殺に繋がる恐れのある発想であるという点である。賀川の時代には、出生前診断という医療技術は存在しなかったが、現在は妊婦の羊水検査を行うことにより、胎児に染色体異常があるか否かがわかるようになっている。現在では、この医療技術を使って、染色体異常のある胎児を中絶し、障害児が生まれるのを防ぐことができるようになっているのである。この出生前診断を行うか否かは、その当事者の判断に任されている。現在の予防福祉論は、こうした医療技術を使うことも含まれている。この医療技術を使って子どもを産む産まないを決める行為は、障害児が生まれるのを未然に防ぐ行為であり、この行為が障害者抹殺に繋がるのではないかという議論があるのである。障害者は生まれてきてはいけないということを前提にした発想だからである。何故なら、「優生思想」とは、「生まれてきてほしい人間の生命と、そうでないものとを区別し、生まれてきてほしくない人間の生命は人工的に生まれな

いようにしてもかまわないとする考え方」(森岡、2002、286頁) だからなのである。障害児が生まれることが、たとえ社会にとって効率的でなくても、それを承知で障害者と共生していく「障害者共生論」も選択肢としてあるのであって、この両方の選択肢を認めるのが山本の発想なのである (同前書、323-354頁参照)。賀川はキリスト教と進化論的科学の結合を目指していたが、その思考は皮肉にも、以下に述べる「弱い者が最も大切にされる」というキリスト教の神髄を示すパウロの教えと深刻な離齟をきたしている結果になっているのである。

> 「体の中でほかよりも弱く見える部分が、かえって必要なのです。わたしたちは、体の中でほかよりも恰好が悪いと思われる部分を覆って、もっと恰好よくしようとし、見苦しい部分をもっと見栄えよくしようとします。見栄えのよい部分には、そうする必要はありません。神は、見劣りのする部分をいっそう引き立たせて、体を組み立てられました。それで、体に分裂が起こらず、各部分が互いに配慮し合っています。一つの部分が苦しめば、すべての部分が共に苦しみ、一つの部分が尊ばれれば、すべての部分が共に喜ぶのです。」(コリントの信徒への手紙一、12章22-26節)

最後に、パーソンズの文化論的思考についてみてみよう。

パーソンズは、初期から文化の重要性を認識していたが、後期になると、それはいっそう重要視されることになった。そのため、図式もAGIL図式ではなく、LIGA図式 (L：latency〈潜在的パターンの維持〉、I：integration〈統合〉、G：goal attainment〈目標達成〉、A：adaptation〈適応〉) と呼ばれることになった。このLIGA図式は、ヴェーバーの理念と利害関心の相互関係のパーソンズ版であり、パーソンズでは、理念が利害関心に与える作用は、L→I→G→Aの矢印の方向に沿った作用として、利害関心が理念に与える作用は、A→G→I→Lの矢印の方向に沿った作用として説明されている (高城、2002、206頁)。後期では、統御の視点から、情報最大でエネルギー最小のも

のから情報最小でエネルギー最大のものへとハイラーキーが形成されている。究極実在がその頂点にあり、その下にLのパターン維持に対応する文化システムが置かれている。この点に、彼の文化重視の姿勢が如実に示されている。彼の文化論的思考は、最晩年の著作『行為理論と人間の条件』によく表れている。彼は、その著作の中で、脳死と臓器移植の問題について論じている。この著作が書かれていた時期は、その当時の最先端医療の現場でその問題が医療従事者に突きつけられていたときであった。彼は、人間を、有機体としての側面とパーソナリティの側面の両側面から把握しており、その立場から、脳死はパーソナリティの死であると述べている。人工呼吸器や栄養点滴で心臓は動いていて、代謝的には死んでいなくても、脳死は、パーソナリティの死なのである。

　パーソンズによれば、人間の死は、有機体としての種からみても、また、社会・文化体系の持続性を持った超世代的母型からみても、正常なものとして捉えられている。

　また、ジグムント・フロイトの「客体喪失」概念に依拠しつつ、「客体喪失」が予期されることから、それについての空想と不安が生まれると、死を「客体喪失の予期」の側面から捉えている。

　パーソンズは、人間の生と死に言及し、生と死を「神からの贈り物」として捉え、「生と死の贈与論」を展開している。誕生は、神が人間に与えた贈り物である。人間は、その死の際に、その神の贈り物に対して神に返答するのである。キリスト教では、イエス・キリストの十字架の贖罪死は、神がその御子の生命を捧げものとして、人間に与えることであり、その意味で、それは、神から人間への贈り物なのである。それは、神から人間への贈り物であるので全きものであり、問題が発生しないのである。

　ところで、「臓器移植」は、人間が他者に対して与える「贈り物」であるが、人間間の贈り物であるがゆえに、人間関係の側面等で問題が発生するのである。神からの贈り物のようには上手くいかないのである (Parsons, 1978, *ATaTHC*, pp.264-299, pp.331-351参照；パーソンズ、2002b、11-50頁；パーソンズ、2002a、173-240頁参照)。

彼は、脳死と臓器移植という最先端医療の問題を引き合いに出しながら、「人間の生と死の意味づけ」問題という「文化問題」をこの著作で検討しているのである。

　ところで、彼の医療社会学では、社会における罹病率が高くなると、社会システムの機能を阻害するので、病気は、社会システムにおける逸脱行動として捉えられている。また、医師―患者関係では、患者の役割は医師と協力して病気から回復するように努めることにあるとされる。他方、医師の役割は、感情中立的にその専門的知識を駆使して、患者の福祉のために、病気の回復に努めることにあるとされ、実業家のように利潤動機で動くことは厳禁とされている（パーソンズ、1974、424-475頁参照）。しかし、現実の医療現場では、医師のパターナリズム（paternalism）や医原病の問題が指摘されており、現実に照らし合わせてみると、あまりにも理想主義的で楽観主義的な捉え方となっているのが問題点であると言える。

4　政治に対する対応

　本節の目的は、ヴェーバー、賀川、パーソンズの3者の政治に対する対応を検討することである。本節では、最初に、全体主義に対する3者の対応について論じ、その後、グローバル化した国際政治に対する3者の対応について考究することにする。では、全体主義に対する対応から見てみよう。

4.1　全体主義に対する対応

　最初に、ヴェーバーについて見てみよう。ヴェーバーは、ナチスが政権を取る時期まで生きていなかったので、ナチス政権に対して取った態度について論ずることはできない。そこで、ここでは、彼が、政権獲得以前のナチス運動に対してどのように考えていたのかについて考究してみよう。

　ヴェーバーは、自由主義者、民主主義者で、あらゆるテロル、あらゆる独

第3章　ピューリタン出自の社会思想家の比較研究

裁に対して反対していた。バイエルンの首相で共産主義者のクルト・アイスナーが暗殺されたときも、暗殺者は処罰されるべきであると主張した。これに対し、アイスナーを不倶戴天の敵と考えている右派の学生がヴェーバーを攻撃したが、彼は法は遵守されるべきであると断固主張したのである（安藤・亀嶋編、2005、54-55頁、80頁）。レーテの共産主義革命がユダヤ人のアイスナーによって主導されたので、その革命が終わった後で、出征から戻ってきた学生たちによるユダヤ系学生の暴行事件があったが、その事件に対し、彼は講義のあとで、「少数派に対する不正行為」であると激しく抗議している（同前書、35-36頁）。この2つのエピソードからも、彼が民主主義者であったことが窺われる。このように、上述のヴェーバーと接した人の証言からも、自由主義的で民主主義的な立場を取っていたヴェーバーがナチス等の全体主義の運動に反対であったことがわかるのである。このことは、彼自身の著作からも裏づけられる。彼は、全般的官僚制化に対する対抗策として人民投票的指導者民主制を構想しているが、この構想を使いこなすためには、国民の「政治的成熟」が必要であることをも強調している。もし、国民が成熟していない場合には、この構想は、国民による選挙という民主的な名の下に、国民の「感情的非合理性」が肥大化した「街頭の民主主義」が荒れ狂い、そこから独裁的暴政が出現して国家政治的危機に晒されるのであると述べている（*WuG*, S.854-863; Weber, 1971, *Politische Schriften*, S.352. 以下、*PS*と略記）。

ヴェーバーは、この政治社会学的思考により、大統領制民主主義体制からも、全体主義体制が生まれることを予測しているのである。その意味で、ワイマール民主主義体制は、ひ弱な花であったのである。彼は、このように、極右的行動をとるナチスの運動に強い警戒心を持っていたのである。彼のこの運動に対する批判は、一つには、テロルを行使して国民の自由と民主主義を抑圧する恐怖政治的性格を持つものであることによるが、もう一つの理由は、この運動が直感的行動主義であるため、その運動の「結果」がいかなる帰結をもたらすかについての冷静な洞察を欠いており、それゆえ、国益に反する「非合理的な行動」になるからである。彼は、ユーラシア大陸の中でのドイツの地政学的位置を正確に計算し、それにのっとって行動することがド

イツの国益に繋がると考えていた。彼にとっては、こうした責任倫理を貫くことこそが真の愛国的行動なのである。ところが、ナチスは、この地政学的計算を無視して行動したため、「過剰拡張」に陥り、自らの身を滅ぼしたのであった。

　次に、賀川について見てみよう。
　賀川は、日本の軍部の中国侵略に対して批判的であった。自分たちの力があまりにも無力であるため、軍部の中国大陸侵略という暴虐な動きを止められないことや、軍部が中国大陸で取った暴力的行動が恥ずかしいことを、中国の教会に招かれたとき、中国のキリスト信徒の人たちに率直に詫びている。2・26事件のような軍部の一部将校によるテロルに対しても、非暴力主義の立場から一貫して批判的であった。賀川の軍部批判は時の軍事政府の逆鱗に触れ、彼は憲兵隊員に逮捕され、刑務所に入れられることになる。しかし、彼は、満州での開拓事業に対しては、日本政府への協力を惜しまなかった。その協力が、結果的には中国侵略の一翼を担うことになるという点については、彼は自覚していなかったのである（シルジェン、2007、240頁、248-250頁、263-264頁、265-267頁参照）。当時の軍国主義政府は、日本の小作争議に対して自作農創設主義を主張し、小作農を自作農にするには土地が足りないとの理由から、満州に開拓民を送り出す政策をとったのである。その結果は、中国大陸への侵略となって現れ、第二次大戦の端緒となったのである。当時のILO（国際労働機関）は、日本の小作争議解決の政策として、小作農による協同農場の創設に道を拓く政策を提唱したが、時の政府はこれを無視したのである（石見、2002、114-115頁）。賀川は、時の政府のこの侵略的膨張政策に乗ってしまったのである。持たざる国日本の地政学的位置を考えれば、その膨張政策は侵略政策の道を歩むほかなく、日本軍部はその道を突き進み、その過剰拡張が中国の民衆の反発と対米戦争を招き、ソ連の参戦をも被ることにより、敗戦を余儀なくされてしまったのである。
　ところで、賀川は、対米戦争を何とかして避けようとして、最後まで努力を惜しまなかった。プリンストン大学留学以来の友人であるスタンレー・

ジョーンズと話し合い、ジョーンズがルーズベルト大統領に働きかけることにより、日米間の平和を維持するための大統領の天皇宛の親書を出させるところまで漕ぎ着けたのである。しかし、それが天皇のもとに届く前に、真珠湾攻撃という形で対米戦争は始まってしまったのである。賀川は平和主義者ではあったが、絶対的な平和主義者ではなく、現実的な平和主義者であった。戦争は経済的な原因により起こるのであるから、この原因を取り除かなければならないと彼は考えていた。したがって、戦争の原因を取り除こうとしないで、ただ単に平和だけを主張する平和主義に対して、彼は批判的であった。

また、賀川は、明治時代の教育を受けた人間の常により、天皇を敬愛し、日本精神を尊重する愛国的で国家主義的な側面も持ち合わせていた。日本の古来からの文化を尊重し、伊勢神宮や神社に礼拝することはないが、それに対して敬意を表していたのである。しかし、まさにそれゆえに、天皇制国家体制の持つ軍事的膨張衝動とその抑圧体制やその思想のもたらす帰結に充分自覚的ではなかったのである。戦時中は、日本の対米戦争を欧米の侵略に対するアジアの解放であるとも主張し、当時の大東亜共栄圏正当化のための思想と同じ主張をしている。現実には、侵略にほかならないのに、共栄圏の名の下にその侵略行為が隠蔽される側面に彼は盲目であった。ここにも、彼が時の国家体制に取り込まれていく側面があった。

戦禍が激しくなるとともに、彼の批判の矛先は、日本の軍部からアメリカへと向けられたのであった。それは、日本兵の骨を戦利品とし、ペーパーナイフにして大統領に献呈する凌辱的行為やアメリカ軍の空襲による無差別攻撃の非人道性に向けられたのである（シルジェン、2007、245-248頁、270-272頁、276-289頁参照）。広島や長崎への核爆弾の投下による無差別攻撃やベトナム戦争での米軍の枯葉剤の散布等の非人道的行為を振り返るとき、賀川のこのアメリカ批判は、アメリカ批判に偏っている面はあるとしても、人類的普遍的な愛の側面から発したものでもあり、テロルと復讐戦争が続く今日からみても評価に値すると言えよう。

最後に、パーソンズについて見てみよう。

第二次大戦前夜、アメリカ合衆国では、「孤立主義的世論」が支配的であった。第二次世界大戦が勃発した際に、ルーズベルト大統領が直ちに中立を宣言したことにも、それがよく表れている。ところが、ヨーロッパでは、ナチス・ドイツによる急速な侵略が推し進められていた。ナチス・ドイツは、電撃作戦により、ポーランド・ノルウェー・デンマーク・オランダ・ベルギーを征服し、1940年にはフランスを降伏させ、さらに、イギリスをも攻撃し、ロンドンその他の都市に空爆をするようになったのである。同年9月には、日独伊三国同盟が締結され、今やヨーロッパ全土が枢軸国に占領される状態に陥ったのである。アジアでは、日本による侵略が推し進められていた。

　このような危機的状態に対して、アメリカ国内では、民主主義を守るために、イギリスを支援する市民運動が組織された。「連合国を支援することによってアメリカを防衛する委員会」がその代表的組織である。パーソンズは、この陣営に属し、「干渉主義」の立場に立って、「孤立主義」の立場を批判している。干渉することは、アメリカを戦争に導くことだと、「孤立主義者」は主張するが、それは、あらゆるものを犠牲にした平和を意味するだけの平和にほかならず、現在の状態でそのような態度をとることは、ナチスの術中に陥ることになると批判した。パーソンズは、このように「絶対平和主義」の立場を批判し続けたのである。事実、戦争を回避しようとして、ナチスに対してイギリス首相チェンバレンがとった宥和政策は、ナチスによるヨーロッパ侵略を推し進めることにしかならなかったのである。この間に、ハーヴァード大学では、「アメリカ防衛ハーヴァード・グループ」が組織され、戦場下にあるヨーロッパの子どもたちをアメリカに避難させその世話をしたり、戦争難民の援助をしたり、ヨーロッパ向け短波放送局を開設して連合国の士気を高めようとした。このグループは、歴史的遺物・建築物・芸術品を戦火から守るため、そのリストを作成し、その保護も呼びかけたのである。この活動により、わが国の京都・奈良は戦火をまぬがれたのである。パーソンズも、このグループの中心的な活動家の一人であった。彼は、このグループの「新聞・執筆委員会」の依頼に基づき、ナチス批判の論説や孤立主義批判の手紙を全国の新聞に寄稿している。彼が、このグループの中で最も力を

第 3 章　ピューリタン出自の社会思想家の比較研究

入れたのは、「国民の士気に関する委員会」であり、そこで、孤立主義的世論を変えるために、学生向けの大衆集会を組織したり、講演会を企画したりした。その委員会の委員長にパーソンズが就任するとともに、それは改組され研究グループとなった。そこでは、ドイツの社会構造やアメリカの諸問題、日本人論等が研究されることになった。ここで、彼は、アメリカの問題性に言及している。アメリカは文化的に同質なコミュニティを発展させることに失敗してきており、イギリスやフランスと比べると、国民全体を統合しうる強固な伝統を欠いている。それは、移民社会から発出する事柄であり、政治的後進性の問題点を持っているのである。ユダヤ人・アイルランド人・ラテン系・スラブ系・黒人などは、アメリカのコミュニティに同化していない。彼らは、アングロ・サクソン的伝統を持っていないので、対立状況が存在するところでは、彼らの特性や地位を利用しうる強力な指導者により、ことのほか柔順な素材とされやすい存在である。パーソンズは、このようにアメリカを捉え、アメリカ社会自身もファシズムに陥りかねない側面を持つとみていたのである。大戦期の後半は、ハーヴァード外国統治学校で、「極東地域研究」を担当して講義を行っている。この学校は、アメリカが世界中で直面している戦争および戦後の仕事のために、外国に行くアメリカ人を訓練するために設立されたものであった。中国の農村家族・中国の都市・中国と日本の社会構造・日本の大都市・日本の村と町・日本の家族と学校・日本社会の一般的構造等の講義を行った。この学校は、ドイツ社会の研究も講義しており、ここで学んだ人々の多くが、ドイツや日本の占領政策の実施にあたることになったのである。この時期、彼は、彼の日本研究の成果を踏まえ、日本の占領政策の提言も行っている。彼は、徹底した武装解除・治安維持法の廃止・過度の中央集権制の解体と地方分権化の促進・国家神道の解体・農村の民主化・中産階級の育成の必要性を提言し、象徴天皇制の方向を示唆している。その狙いは、民主主義社会日本の実現にあったのである（高城、1992、137-143頁、162-166頁参照）。

　以上からも明らかなように、パーソンズは、自由主義的民主主義の立場を守り抜くため、内外のファシズムの運動と対決し、それに対抗する運動や研

究活動や教育活動を行い、ファシズム運動撲滅のために尽力したのであった。

4.2 国際政治に対する対応

ここでは、ヴェーバー、賀川およびパーソンズの3者が、グローバルな視野に立って、国際政治的思考を行っていたことを示すのが目的である。

最初に、ヴェーバーの国際政治論から見てみよう。

ここでは、世界システムとの関係から国内政治やナショナリズムを位置づけようとするヴェーバーの発想に注目して論じることにする。すなわち、彼は、世界的な対外関係との関係で、対内的な国内政治やナショナリズムを把握しようとしているのである。このことに言及している彼の論文は、『経済と社会』の第1部第4章「種族的共同社会の諸関係」と、同じく『経済と社会』の第2部第8章「政治的共同社会」の2論文である。そこで、これらの論文の中で展開されている世界システムと国内政治やナショナリズムとの関係に注目して、彼の国際政治論を考究してみることにしよう。

ヴェーバーは、「大衆」というものを、情緒的感化の影響をすこぶる受けやすい流動的で変動しやすい存在であると捉えている（*WuG*, S.527）。ヴェーバーは、大衆に与えるこのような情緒的感化の熱情を、経済的起源に基づくものと捉えているのではなく、「ナショナリズム」と呼ばれる国家権力の有する一種の「威信感情」に基づくものと捉えている。しかしながら、「ナショナリズム」の感情は、たんに集団の同一性に基づくものとして考えてはいない。「ナショナリズム」は、同一の先祖をルーツに持つという血統の共通性についての信仰に基づく「民族共同社会」や、同一の言語を話す「言語共同社会」とは一致しない。ヴェーバーは、「ナショナリズム」の感情が、民族的な境界や言語的な境界を越えるか、あるいは、そうした境界を再分割する多くの事例を挙げている。ドイツ語を話すアルザス人には、フランス人と同一の国民であるという感情が広く行き渡っている。その理由は、彼らが、かつてフランス人とともにフランス革命という共通の政治的体験をしてきたということにある。こうした「政治的運命の共同についての追憶」が、彼らを

第3章　ピューリタン出自の社会思想家の比較研究

フランス国民の一員と感じさせる。このように、フランスの国民は、フランス語を話す人々のみで成り立っているのではない。セルビア人とクロアチア人は、血統の親近性という民族的共通性がかなりあるにもかかわらず、宗派が異なるため、同一の国民感情を有していない。それゆえ、「言語共同社会」や「民族共同社会」だけで、「ナショナリズム」の現象を説明することはできない。「ナショナリズム」は、むしろ政治権力との関係においてのみ明確に把握できると、ヴェーバーは考えている（*WuG*, S.244）。

「ナショナリズム」とは、明確に政治的な意味あいを持つ激情的な感情のことなのである。それは、抽象的な権力を所有していることに対する共同社会自身の激情的な誇り高さの感情であるか、もしくは、そうした権力を所有することに対する共同社会自身の渇望の感情なのである（*WuG*, S.244）。「ナショナリズム」のもう一つの特徴は、それが摂理による「使命」というある特別な「文化的使命」の観念を持っている点である。（*WuG*, S.530）

「ナショナリズム」は、このように摂理による「聖なる使命」という観念を創造するのである。この観念は、他の政治的共同社会との戦闘の際には、自己の社会を正当化するための「聖戦」の観念を生み出すことになるのである。以上のことからもわかるように、ヴェーバーは、「ナショナリズム」を「政治的正当性」と関係づけて捉えているのである。「正当性」とは、所与の秩序が服従するのに適したものとして服従者に進んで受け入れられることを意味する。

ところで、この「正当性」概念を、国家レベルの「政治的共同社会」において捉えるとき必要になってくるのが、国家に対してその所属員が感ずる「威信」感情である。そして、この「威信」感情の基礎となっているのが、国家の有している権力なのである。この権力に照らしてみて、他国家より高い「威信」を持っている国家は、「対内的正当性」の確保をその所属員から比較的容易に得られるのである。つまり、国家の「権力威信」の運命が「正当性」の意義を決定するということなのである。

以上のように、「正当性」を「権力威信」と結びつけて捉えるとき、対外的関係により「正当性」が喚起されることになるが、その際に関係してくる

のが、「帝国主義」という概念である。ヴェーバーに従い、ここでは、「帝国主義」を、帝国建設を達成するために外国に対する軍事的な干渉を行うという意味に解することにしよう。「帝国主義」はなぜ生まれてくるのか。この問いに対して、ヴェーバーは次のように答えている。すなわち、他の国家との対外的な軍事戦争による成功を通じて、「権力威信」を高め、それによって「対内的正当性」を獲得して国内での権力闘争に勝利しようとする政治的指導者の利害関心が最も重要な要因なのであって、植民地略奪資本主義による経済的利害関心は、「帝国主義」を育てる役割を演じはするもののその主たる要因ではない、ということである。では、いかなるときにどのような国家が最も帝国主義的傾向を示すのだろうか。この問いに答えるために、まずどの国家が対外的拡張を最も試みる傾向を持つかを考えてみよう。その国家とは、軍事的成功の機会が最も高い国家である。このことを説明するためには、国家の境界の拡張および縮小の決定要因となる地政学の理論が不可欠となってくる。地政学的視圏（*PS*, SS.157-177）に立てば、隣国よりも大きな面積と多くの資源を有している国家や、多くの相対立する国家を抱えるという政治的環境下において、その配置状態から見て、「有利な境界地」を有する国家は、その国家の周りにある他の国家を犠牲にして領土の拡張に走りたくなるであろうということが予測されるのである。こうした地政学的条件に着目すれば、どの国家が世界史における特定の時代に相対的に見てより帝国主義的であるのか、あるいは、ほとんど帝国主義的でないのかを判断することができるのである。次に、帝国主義の対内的なダイナミズムに目を転じてみると、最も重要な対内的原理は、いかなる政治的党派が戦争を行おうとも、戦争において勝利した党派は国内での正当性を高め、それに対して、敗北を喫した党派は国内での正当性を失うことになるという点なのである。それは、国内の政治的党派の運命が、大部分「国際的な権力威信獲得競争」の舞台内での彼らの国家の運命に左右されるということを意味する。なぜなら、対内的な政治的党派の戦争における勝敗は、基本的には、「国際的な権力威信獲得競争」の舞台内での運命とも言うべき偶然的な地政学的条件に左右されるからなのである。このように、国際的な運命が予測できる以上、世界システ

第3章　ピューリタン出自の社会思想家の比較研究

ムの地政学的構造から見て、世界における地政学的条件が、国家の構成要素である対内的な政治的党派の盛衰の主要な決定要因であると結論づけることができる。

　以上により、ヴェーバーの「国際政治論」は、地政学理論を援用しながら、「ナショナリズム」・「権力威信」・「帝国主義」を相互に関連づけ、そうすることによって、これらの3つの概念を一連の過程、すなわち、支配の「正当性」のダイナミズムを決定する「世界システム」内での「国際的規模の過程」として把握する構成になっていることが明らかになったと言えよう（Collins, 1986, pp.145-166参照）。

　では、次に賀川の世界国家論について見てみよう。
　世界国家の建設においては、博愛精神を基盤に据えなければならないと主張している。博愛精神を具体化するものとして、世界国家においては、協同組合経済の原則を取り入れることを提案している。すなわち、利益払い戻し・持ち分の制限・一国一票というロッチデール協同組合によって作られた三原則を世界国家の原則とすることを提唱している。また、経済民主主義・社会民主主義・政治民主主義を基礎とすることも強調している。（賀川、1982a、296頁）
　国際連合には、大国の拒否権があり、また、第二次大戦の戦勝国であるアメリカ、イギリス、ロシア、フランス、中国の5カ国が安全保障のため警察隊をその手中におさめているなどの不公平のため、真の世界平和のためには、国際連合は限界を持っている。このため、国際連合よりさらに徹底した組織として、世界国家を創設しようという運動が生まれてきた。この運動は、シカゴの近くのノースウエスタン大学の7名の学生によって始められたが、その後、その運動が各国で盛んに議論されるようになってきたのである。このように、最初に、彼は、世界国家運動の出てきた背景説明を行っている（賀川、1982a、344頁）。
　賀川は、この運動に呼応して、「世界連邦政府」の必要性を強調している。その本質は、経済的に互助友愛を基調とする協同組合組織を政治的に拡張し

たものであると説いている（同前書、366頁）。
　この世界連邦政府構想が実現すれば、戦争の主要な5原因が除去され、戦争は防止されると、賀川は考えている。5原因のことごとくが、経済問題に発しているのである。彼は、戦争の5原因について、次のように述べている。

　　「今日、戦争の主なる原因となるものが五つある。その第一は人口過剰問題、第二は船艦建造や食料等の諸原料の需要問題、第三は負債や貸付、クレヂット等を含む国際金融問題であり、第四は貿易政策の撞着、即ち関税の協定問題等であり、第五は運輸関係問題である。これら五つの重要な原因は、その悉くが経済問題に発している。」（同前書、371頁）

　世界を滅亡させることができる核兵器を手にしている今日、人類が世界国家を建設することは急務であるが、その実現のための策として、賀川は、ヨーロッパの世界連邦主義者の意見を紹介している。それは、現今の国連を進化させて世界国家に移行させるという案である。（同前書、446-447頁）
　ここで提案されている世界警察軍の構想に対して、賀川は、一方で、賛意を表明しつつも、他方で、この世界警察軍がいかなる侵略または征服戦争にも使用されてはならないという意見を述べている。
　国連から移行する世界国家の議会は、どのように構成されるのだろうか。一院制にするのか。それとも、二院制にするのか。各国からの代議員数は大勢にするのか。それとも少数にするのか。
　彼は、代議員数については、適当な代議員数にするには、500万に1人の代表にすることを提案している。世界議会を二院制にする場合には、国連議会に当たる国家単位の代表を上院に集め、世界一般大衆からそれぞれ異なる民族人種の代表を下院に集めることを提唱している。それによって、グループの不満を阻止し、また際限ない討論を上院でまとめることができると述べている。下院もしくは人民総会の議長は、国連総会が今日実施している如く異なる民族から選出する。そして、一つの民族から他の人種へと力の均衡を図るために持ち回りにするのが良いと述べている。世界国家における内閣が

第3章　ピューリタン出自の社会思想家の比較研究

行政の実行部門となる。国連の安全保障理事会をこれに充当するという意見があるが、賀川は、下院議員が、異なる民族人種を代表する一般人民からの選出者である以上、この中からも内閣に参与するのが望ましいと述べている。また、このほかに、世界の経済について、共存共栄の立場で話し合う「協同組合的世界経済同盟」の構想を提起している（賀川、1982a、448-449頁；1982b、516-517頁）。

　ヴェーバーの「国際政治論」は、世界システムの中での国家の地政学的条件が、国内の政治的党派の「正当性」や「ナショナリズム」や「帝国主義」を左右するものであると捉えるところに、その特徴がある。彼によれば、帝国主義的傾向を示す国家、すわなち軍事的拡張傾向を示す国家は、世界システムの中で有利な地政学的条件にある国家なのである。ヴェーバーは、このように戦争の主な原因を地政学的条件にあると考えている。これに対し、賀川は、戦争の主な原因が経済的なものにあると考えている。この点において、両者は異なっている。両者ともグローバルな発想に立って論を進めているが、ヴェーバーが、世界システムにおける地政学的条件を計算に入れつつ、その中で国民国家としての自国ドイツの最大限の「国益」を保持することに主眼を置いたのに対し、賀川は、「世界協同組合国家」を提唱し、「万人は一人のために、一人は万人のために」という理念の実現を目指し、「世界市民」たらんと欲したのであった。加山久夫は、第二次大戦中、ルーズベルト大統領のアメリカの排日移民政策や米兵による日本兵士の戦死体に対する冒瀆行為やアメリカ軍の無差別で残虐な空襲爆撃行為等により、賀川の血は沸騰し、ついに非戦論を捨て、自ら戦争肯定論に転じたと論じている。満州における日本の植民地開拓政策への彼の協力も、それが日本の中国に対する侵略と搾取行為に繋がることを見抜けなかったことによるとも論じている（加山、2005、114-126頁）。ヴェーバーは、国際的な帝国主義状況の中で、地政学的条件に則り、無謀な世界制覇の野望を批判し、イギリス、フランス、ロシアという大国に囲まれた地政学的状況の中で、自国ドイツにとって最も望ましい安全保障政策は何かを考え行動したのであった。その意味で、ヴェーバーは、一貫して冷静で現実的な思考に則って行動した「愛国者」であった。賀

川は、「非戦論」から「戦争肯定論」へと方向転換したが、それは、戦争というものが孕む日本人への「人権侵害」に、「愛の人」賀川が我慢ができなかったことによると言えよう。満州開拓政策への彼の協力は、日本の世界システムの中での地政学的条件により、日本が中国大陸において侵略と搾取の方向性を歩むことになることを見抜けなかったことに起因すると思われる。

　戦後、この戦争が孕む残虐性と抑圧性を肌で感じた賀川は、もう二度とこの愚かな戦争を繰り返さないために、上述したような世界連邦構想を提案し、それを実現するために、世界連邦運動に奔走したのである。この運動の国内向け運動としては、日本の青少年の平和教育が挙げられる。賀川は、雑誌『世界国家』に青少年向けの平和教育論を掲載し、また、青少年の平和教育の実践も行ったのである。

　最後に、パーソンズの世界社会論について見てみよう。

　最初期のアメリカ植民の指導者たちは、「再生した者たちによる国」の建設を目指したピューリタン系譜の人たちであった。彼らは、地上における神の国建設をアメリカにおいて実現しようとした人たちであった。この後、アメリカ建国期において中心的役割を果たしたマサチューセッツ、ペンシルヴェニア、ヴァージニアの3邦は、カルヴァン主義者のクロムウェルに倣い、その理想に基づき、みずからを共和国と命名したのである。その国の理想は、アメリカ人である資格が血縁・人種・宗教のような所属本位ではなく、普遍主義的基準に基づいていた点にある。したがってその基礎には、血縁・人種・宗教ではなく、アメリカとその憲法への自発的忠誠が据えられている。その憲法には、「国家と教会との分離」が盛り込まれている。こうしてアメリカでは、宗派が多元的に併存し、相互に寛容の精神に基づき関係しあう宗派多元主義が制度化されることになった。さらに、これが徹底され、キリスト教以外の宗教も認める宗教多元主義に発展し、人種・宗教・血縁ではなく、普遍主義を志向する多元的社会となっていくのである。この普遍主義は、宗教の枠を越えた世界社会であるエキュメニカル社会を実現させていくことになる。エキュメニカルな価値意識の進展とともに、アメリカ建国期に主流であっ

第3章　ピューリタン出自の社会思想家の比較研究

たカルヴィニズムもリベラルなものとなり、その発展の基本線は、自由主義化を推し進める方向を歩むことになった。このパーソンズのエキュメニカルな思考は、マルクス主義をも政治的宗教として包摂した世界大の思考だったのである（Parsons, 1978, pp.199-209, pp.305-312参照。パーソンズ、2002a、「キリスト教」、58-74頁；「脱工業化社会アメリカの宗教」、253-263頁参照）。彼は、このエキュメニカルの進展が、冷戦を解消し、真に多元的な世界秩序を建設する道であると確信していた。現代においては、資本主義も社会主義もともに、人間の自由と平等の実現に向かって、エキュメニカルな合意に近づく道を辿っているのである。

　近代資本主義社会は、企業は家族企業という形態をとり、経営者も資本の所有者またはその代理人であり、労働者も家族生活をともにする子どもたちへその地位を引き継いでゆくほかない社会であり、血縁・宗教・人種・階級等の所属本位的性格を払拭しきれない社会であった。「公教育の普遍化」を志向する「教育革命」は、社会成層を世襲制や所属本位から業績本位の方向へと、社会を大きく変容させたのである。現代社会は、この業績主義を主軸とする社会となっている。この教育革命は、専門人を生み出すことになった。この専門人集団は、合議制アソシエーションを形成するので、ヴェーバーの言う「官僚制化による鉄の檻」に対する対抗軸として働くのである。

　文化を構成する認識的・道徳的・表出的要素に着目すると、現代は、認識的要素である理論的知識が大きな役割を演じる社会となっている。それは、具体的に言えば、科学の発展およびそれと結びついた認識複合体である中心的研究機関としての大学が、現代社会の基軸となってきているということを意味する。公教育の普遍化である教育革命が、この発展を可能としたのである。教育革命と認識的文化が巨大に発展すればするほど、その反動として対抗運動もまた形成されてくる。それは、より単純な生活にあこがれ、自己実現と愛を強調するコミューンを志向する運動である。これは、認識的で合理的な側面よりも、感情的で表出的な側面を強調する運動であり、パーソンズはこれを「表出革命」と名づけている。この宗教運動は、若者に限定され、小規模のコミューンであるので、この運動が制度化され根づいていくために

は、若者に限定されない年齢層に広がり、大規模な範囲に拡大する必要があるが、そのためには、多元的な社会倫理や社会構造に適合し、近代工業社会の生産力を肯定する運動に深化していかなければならないと、パーソンズは述べている（Parsons, 1978, *ATaHC*, pp.312-322参照；パーソンズ、2002a、264-283頁；高城、1992、258-273頁参照）。

　冷戦期には、パーソンズは、アメリカ文芸・科学アカデミーの会長として、「ケネディ大統領への公開書簡」を発表し、アメリカが核軍備を増強すれば、ソヴィエトもまた核軍拡に乗り出すので、アメリカが率先して核兵器を削減し、ソヴィエトを平和共存の方向に導くべきであると提言している。こうした平和共存路線に立っていたパーソンズは、ソヴィエトの社会科学者とも積極的な交流を行っている。世界平和を求めるパグウォッシュ会議に参加し、ベトナム戦争停止を求めてもいる。ソヴィエトの民主化活動家であるサハロフ博士に会い、その活動を支援してもいる。南アフリカのアパルトヘイト問題にも取り組み、白人の優越性をなくすためには、南アフリカを連邦のいくつかの単位に分割し、そのおのおのは、他の単位や連邦政府に対して、実質的な自律性を持つようにする多極共存モデルの国造りを提唱している（高城、1992、284-287頁、290-297頁、314-315頁参照）。

　このように、実践面においても、パーソンズは、世界大の活動を貫いたのである。

5　結論

　最後に、ヴェーバー、賀川、パーソンズの3者の共通点と相違点および現代的意義について論じて結びとしよう。

　これまでの論述から、3者は、ともにキリスト教的社会改革思想の影響を受けていることが明らかになった。3者とも、社会正義と社会的責任に基づく社会変革の要求を、彼らの社会科学的思考の核心に据えている点で共通している。3者は、ともに、主意主義的思考と目的論的思考をしている点でも

共通している。しかし、ヴェーバーの目的論は、地上における神の国思想と結びついていないのに対して、賀川とパーソンズの目的論は、地上における神の国思想と結びついていることが相違している。ヴェーバーの場合、その目的論は、地上における神の国思想という信仰を持たないが故に、社会が進化を遂げていくという楽観的な進化論とはならず、価値判断を留保した「価値自由な」合理化論となり、あり得る未来の様々な可能性を提示するにとどめたのである。それに対して、賀川とパーソンズの地上における神の国を目指す目的論は、その理論的表現として、目的論的社会進化論を見いだし、賀川より後に生まれたパーソンズは、賀川の社会進化論をいっそう推し進め、それにサイバネティクス理論を取り入れることによって、目的論的社会進化論をより精緻な理論に仕上げたのである。賀川の目的論的進化論は、優生思想に囚われているために、優質遺伝と悪質遺伝という単純な二項対立図式に陥り、ダイナミックな論理展開をできていないのが欠点となっている。パーソンズの理論にも、パターン変数の二項対立図式やLIGA図式で全てを説明しようとする志向が見られ、固定的で現実遊離な側面があると言えよう。

　ヴェーバー、賀川、パーソンズの3者は、第1次的にみれば、文化や価値を重視している点において共通している。第2次的にみれば、ヴェーバーが政治を重視しているのに対し、賀川は経済を重視し、パーソンズは社会規範とその制度化を重視している点が、3者の固有点であると言える。

　ファシズムに対する態度は、まだその運動が国内にとどまっていた時期に生きたヴェーバーは、自由主義的民主主義的立場と国民国家的立場の両面から、ファシズムに対し批判的であった。実際にその運動が世界を巻き込んだ時期に生きた賀川とパーソンズでは、対応が異なっている。枢軸国側に位置していた賀川は、最初期は日本軍部を批判し、反ファシズム的傾向を持っていたが、大戦が始まり、思想統制と情報統制が厳しくなる中で、もともと持っていた日本文化を尊重する態度や白人と対抗して国を愛する傾向がよりいっそう強くなり、国家主義的傾向を示すようになり、アメリカ帝国批判や大東亜共栄圏思想に共鳴する主張をするようになった。ただ、彼のアメリカ批判には、アメリカの無差別空爆や日本兵士の骨をもてあそぶ人権蹂躙に対する

憤りがあり、その批判は人権に基づいているという意味で普遍的な意義を持っている。パーソンズは、連合国側に位置し、ナチス・ドイツの侵略行動が、アメリカの自由主義や民主主義の脅威になると認識し、アメリカの孤立主義や全てを犠牲にするだけの単なる平和主義に反対し、ナチス・ドイツに対抗する干渉主義を主張し、それをアメリカ国民に広める努力をしたのである。パーソンズは、ナチス・ドイツに対抗するばかりでなく、アメリカ国内におけるファシズム的傾向にも批判の矢を向けていた。その意味で、彼は、終始一貫、反ファシズム的立場を貫いた人であった。

　3者は、グローバルで世界大の社会科学的思考を展開している点で共通している。ヴェーバーは、グローバル社会の中でドイツの国民国家の生きる道を探究し、賀川は、世界大の社会を統治する世界協同組合政策により、世界平和の実現を追求し、パーソンズは、エキュメニカリズム思想の普及を通じて世界の平和共存の道を模索したのであった。

　3者は、個人主義的自由主義のみに偏ることなく、集合主義をもその思考に取り込んで、システム論的思考を展開しているが、現代の社会科学は、この3者のシステム論的思考から学ぶ必要がある。さらに3者のシステム論が、世界大の世界システム論となっている点も今日的観点からみて重要である。この点は、今日の自由放任的で個人主義的な社会科学に対する痛烈な批判となっている。賀川の世界システム論は、協同組合を基軸に組み立てられており、協同組合的発想で全てが解決できるかの如く論じられているため、あまりに理想主義的で楽観的な側面を拭い得ない。今日の覇権を巡る大国同士の権力闘争の動向を見るとき、パーソンズのエキュメニカリズム思想の普及論も賀川と同じ理想主義的で楽観的な印象を受ける。「神々の闘争」というホッブズ的権力闘争を直視し、価値自由で現実主義的な世界システム論を展開しているヴェーバー流の構築主義的社会理論を再評価し、現代的に展開することが、ネオリベラリズムの個人主義的社会科学を乗り越える手がかりとなると考えられる。

参考文献

雨宮栄一、2003、『青春の賀川豊彦』、新教出版社。

雨宮栄一、2005、『貧しい人々と賀川豊彦』、新教出版社。

雨宮栄一、2006、『暗い谷間の賀川豊彦』、新教出版社。

安藤英治（聞き手）、亀嶋庸一編、今野元訳、2005、『回想のマックス・ウェーバー——同時代人の証言——』、岩波書店。

Collins, Randall, 1986, *Weberian Sociological Theory*, Cambridge University Press.

林　啓介、2002、『時代を超えた思想家——賀川豊彦』、賀川豊彦記念・鳴門友愛会。

藤川信夫編、2008、『教育学における優生思想の展開』、勉誠出版。

藤野　豊、1998、『日本ファシズムと優生思想』、かもがわ出版。

石見　尚、2002、『第四世代の協同組合論——理論と方法——』、論創社。

賀川豊彦、1973a、『賀川豊彦全集』、第1巻、キリスト新聞社。

賀川豊彦、1973b、『賀川豊彦全集』、第2巻、キリスト新聞社。

賀川豊彦、1973c、『賀川豊彦全集』、第3巻、キリスト新聞社。

賀川豊彦、1982a、『賀川豊彦全集』、第10巻、キリスト新聞社。

賀川豊彦、1982b、『賀川豊彦全集』、第11巻、キリスト新聞社。

賀川豊彦、1982c、『賀川豊彦全集』、第12巻、キリスト新聞社。

賀川豊彦、1982d、『賀川豊彦全集』、第13巻、キリスト新聞社。

賀川豊彦、1990、『火の柱』、第1巻［大正15年〜昭和8年］、緑蔭書房。

加山久夫、2005、「戦時下の賀川豊彦——『みくに』運動による賀川批判を中心にして——」、『明治学院大学キリスト教研究所紀要』、第37号。

黒田四郎、1984、『私の賀川豊彦研究』、キリスト新聞社。

中村貞二、1999、『マックス・ヴェーバー研究』、未來社。

松岡雅裕、1998、『パーソンズの社会進化論』、恒星社厚生閣。

武藤富男、1981、『評伝　賀川豊彦』、キリスト新聞社。

森岡正博、2002、『生命学に何ができるか　脳死・フェミニズム・優生思想』、勁草書房。

パーソンズ、タルコット、佐藤勉訳、1974、『社会体系論』、青木書店。

Parsons, Talcott, 1968a, *The Structure of Social Action, Vol. I*, The Free Press.

Parsons, Talcott, 1968b, *The Structure of Social Action, Vol. II*, The Free Press.（パーソンズ、タルコット、稲上毅・厚東洋輔・溝辺明男訳、1996、『社会的行為の構造』、第5分冊、木鐸社。）

Parsons, Talcott, 1966, *Societies : Evolutionary and Comparative Perspectives*, Prentice-Hall.（パーソンズ、タルコット、矢沢修次郎訳、1971、『社会類型─進化と比較』、至誠堂。）

Parsons, Talcott, 1977, *Social System and the Evolution of Action Theory*, The Free Press.

Parsons, Talcott, 1978, *Action Theory and the Human Condition*, The Free Press.（パーソンズ、タルコット、徳安彰・挟本佳代・油井清光・佐藤成基訳、2002a、『宗教の社会学　行為理論と人間の条件　第三部』、勁草書房。パーソンズ、タルコット、富永健一・高城和義・盛山和夫・鈴木健之訳、2002b、『人間の条件パラダイム　行為理論と人間の条件　第四部』、勁草書房。）

シルジェン、ロバート、賀川豊彦記念松沢資料館監訳、2007、『賀川豊彦　愛と社会正義を追い求めた生涯』、新教出版社。

鈴木俊彦、2006、『協同組合の軌跡とビジョン』、農林統計協会。

隅谷三喜男、1966、『賀川豊彦』、日本基督教団出版部。

タイセン、G、荒井献・渡辺康麿訳、1981、『イエス運動の社会学』、ヨルダン社。

高城和義、1992、『パーソンズとアメリカ知識社会』、岩波書店。

高城和義、2002、『パーソンズ　医療社会学の構想』、岩波書店。

高城和義、2003、『パーソンズとウェーバー』、岩波書店。

ウェーバー、マックス、中村貞二・山田高生訳、1971、『ウェーバー　政治・社会論集』、河出書房新社。

ウェーバー、マックス、石尾芳久訳、1968、『国家社会学』、石尾芳久訳、法律文化社。

ウェーバー、マリアンネ、大久保和郎訳、1970、『マックス・ウェーバー』、Ⅰ、みすず書房。

ウェーバー、マリアンネ、大久保和郎訳、1972、『マックス・ウェーバー』、Ⅱ、みすず書房。

Weber, Max, 1920, *Gesammelte Aufsätze zur Religionssoziologie I*, Verlag von J.C.B.Mohr.（ヴェーバー、マックス、大塚久雄・生松敬三訳、1974、『宗教社会学論選』、みすず書房。ウェーバー、マックス、梶山力・大塚久雄訳、1968a、『プロテスタンティズムの倫理と資本主義の精神』、上巻、岩波書店。ウェーバー、マックス、梶山力・大塚久雄訳、1968b、『プロテスタンティズムの倫理と資本主義の精神』、下巻、岩波書店。）

Weber, Max, 1921, *Gesammelte Aufsätze zur Religionssoziologie Ⅲ*, Verlag von J.C.B.Mohr.（ウェーバー、マックス、内田芳明訳、1971、『古代ユダヤ教』、Ⅰ、みすず書房。ウェーバー、マックス、内田芳明訳、1972、『古代ユダヤ教』、Ⅱ、みすず書房。）

Weber, Max, 1971, *Politische Schriften*, Verlag von J.C.B.Mohr,herausgegeben von J. Winckelmann.（ヴェーバー、マックス、中村貞二・山田高生・林道義・嘉目勝彦訳、1982a、『政治論集』、1、みすず書房。ヴェーバー、マックス、中村貞二・山田高生・

脇圭平・嘉目勝彦訳、1982b、『政治論集』、2、みすず書房。)

Weber, Max, 1972, *Wirtschaft und Gesellschaft*, Verlag von J.C.B.Mohr,besorgt von J. Winckelmann.（ウェーバー、マックス、阿閉吉男・内藤莞爾訳、1969、『社会学の基礎概念』、角川書店。)

山本宣治、佐々木敏二・小田切明徳編、1979、『山本宣治全集』、第3巻、汐文社。

結び

　これまでに論じてきたことをまとめてみよう。

　第1章「開かれた共同体と優しさの行方―キリスト教平和主義の視点を中心にして―」では、人類が国民国家間の葛藤を乗り越え、相互理解と相互協力に基づく開かれた優しさの共同体を構築することは如何にして可能かという問いを立て、その立証に向かっている。第1章の序論では、この論文の目的と全体の論文構成について述べている。2節の世俗逃避的キリスト教平和主義では、世俗を避け、平和主義と相互扶助愛を実践しているプロテスタント宗派のアーミッシュとフッターライトを取り上げ、その共同体活動について論究している。これらの世俗逃避的共同体では、その共同体作りの理念を貫きやすいが、反面、外に対して閉鎖的な面を持っている。3節では、この閉鎖性を克服し広げていくための試みとして、ガンジーの非暴力の農村連合政府構想と柳田國男の相互扶助精神に基づく協同組合的農村連合国家構想について論じている。4節の世俗内的キリスト教平和主義では、この開放性をさらに進展させていく試みとして、プロテスタント宗派のクエーカーの開かれた共同体作りとその超国家主義的国連思想・ピューリタン系譜の思想家、賀川豊彦の世界協同組合思想と同じくピューリタン系譜の思想家、マックス・ヴェーバーの対外的農業政策思想と国際政治社会学的思想について論究している。5節では、この論文のまとめと現代の平和についての傾向性と今後の展望について述べ、その論述の結びとしている。

　第2章「苦難と社会統合―相互扶助社会についての社会学的研究―」では、苦難と社会統合の関係をテーマとして掲げ、そのテーマを解明するため、相互扶助の源泉・苦難の神義論・苦難と社会統合の関係という課題を設定した。

次に、この課題順に沿った章別構成をとる方針を定め、それによって論を展開することにした。そこで、2節を相互扶助の源泉、3節を苦難の神義論、4節を苦難と社会統合の関係、5節を結論とすることにした。2節では、人間社会における相互扶助活動の源泉を探求するため、この源泉を「自然的源泉」と「思想的源泉」に分けて考究した。「自然的源泉」では、自然の威力に立ち向かい、生き抜いていくため、またこの環境に適応するため、相互扶助活動の制度を構築してきたことを、柳田國男と宮本常一の民俗学的研究を事例として取り上げ、解明した。「思想的源泉」では、先人の教えや思想が相互扶助活動の源泉となることを示すため、アメリカ合衆国フィラデルフィア市のクエーカーの万人祭司制・日本の祭りの頭屋制・東京都世田谷八幡宮の氏子中心型祭礼を事例として取り上げて論じた。3節では、人間が苦難に直面したとき、それに耐え、生き抜いていくために生まれてくる思想である「苦難の神義論」を対象にして、その検討を行っている。この神義論の事例として、マックス・ヴェーバーの古代ユダヤ教の宗教社会学的研究の中で提示されている第2イザヤの苦難の神義論・太平洋戦争での日本の敗戦を民俗学の立場から意義づけた柳田國男の苦難の神義論・柳田と同様に日本の敗戦の民俗学的意義づけを行った折口信夫の苦難の神義論を取り上げ、その社会学的意義を論究している。この節で取り上げた苦難の神義論は、苦難を乗り越え、人々の結束を強化し、社会統合力を高め、相互扶助活動を促進するという点では共通している。その違いは、国内に留まる「国内的な神義論」か、世界性を持つ「世界的な苦難の神義論」か、という点にある。4節では、苦難と社会統合の関係を論じた。これを「思想と社会統合」と「災害と社会統合」に分けて論を展開した。「思想と社会統合」では、苦難の神義論と社会統合の関係、フランス革命期の社会思想家であり、社会学の始祖でもある二人の思想家、サン＝シモンとオーギュスト・コントの思想と社会統合の関係について論じた。サン＝シモンでは、「新キリスト教思想」を、コントでは、「社会再組織化思想」を中心に取り上げ、この思想と社会統合との関係について論じた。「災害と社会統合」では、1906年のサンフランシスコ大地震と1985年のメキシコ大地震の事例を取り上げ、この震災が相互扶助社会を生み出し

たことを論じた。このように、苦難は、これを克服するために、人々を結束させ、相互扶助社会を生み出すのである。これにより、社会統合を促進させることになる。苦難は、これに耐え抜き、生き抜いていくための「苦難の神義論」を生み出すことによって、社会を再組織化し、社会統合を生み出す契機となる。「苦難の神義論」は、国内に留まる閉鎖的な思想である場合もあるが、国際的で世界に開かれた思想になる場合もある。この世界性を持った思想は、世界に流布して広まり、思想のディアスポラ（拡散）を実現する可能性を持っているのである。

第3章「ピューリタン出自の社会思想家の比較研究―マックス・ヴェーバー、賀川豊彦、タルコット・パーソンズ―」では、ピューリタン出自の社会思想家の中から、マックス・ヴェーバー、賀川豊彦、タルコット・パーソンズという代表的な社会思想家を選び、その思想と社会理論並びに社会的態度を比較研究することを目的にしている。まず最初に、第1節では、本論文の目的と節別構成および研究方法が、第2節では、この3者とピューリタン系の社会改革思想との関係が論じられている。第3節では、3者の社会科学の基礎理論が検討されている。そこでは、主意主義的思考、目的論的思考、合理化論的思考と進化論的思考、および、文化論的思考が論じられている。第4節では、国内政治やグローバルな国際政治に対して、3者が取った態度について具体的な分析が行われている。最後に、第5節では、彼らの思想の今日的意義について言及を行い、その論の結びとしている。研究方法としては、3者の置かれた社会状況が3者に与えた影響についての分析と、3者それぞれの個人に定位した状況が3者に与えた影響についての分析という両方の視点から分析方法が用いられている。ここで、社会状況というのは、歴史的状況、社会経済的状況、地政学的状況、社会生態学的状況、社会文化的状況、人種民族的状況のことである。個人的状況というのは、個人史的状況、心理状況と身体状況のことを指している。この社会的並びに個人的状況の両側面の総合分析により、彼らの思想とその実践的態度の解明に肉迫している。

本書の全章の流れを通観すると、社会思想の軌跡を跡づけると共に、その社会思想の実践、すなわちエートスについても立ち入って考究していること

がその特徴であると言える。これにより、「社会思想の発見とその展開」の内実が十分に解明されているのである。

川上　周三（かわかみ　しゅうぞう）

1949年　岐阜県に生まれる。
1979年　名古屋大学大学院文学研究科博士課程中退。
現　在　専修大学人間科学部教授。
専　攻　宗教社会学、現代社会学理論、ヴェーバー派の社会科学理論。
著　書　『現代に生きるヴェーバー』（勁草書房、1993年）、『攻撃衝動の社会学―ニーチェ、ヴェーバー、タイセン―』（勁草書房、1996年）、『資本主義経済システムの光と影―システム論からヴェーバーを解く―』（新泉社、1998年）、『ヴェーバー社会科学の現代的展開―グローバル化論との結合の試み―』（専修大学出版局、2006年）、『フィラデルフィアの宗教とその社会―日系アメリカ人キリスト教徒の物語を中心にして―』（専修大学出版局、2010年）。
論　文　「浅草の宗教と社会―三社祭を中心にして―」（『専修大学人文科学年報』、第32号、2002年所収）、「宗教とグローバル化―文化変容の問題を中心にして―」（『専修大学人文科学年報』、第35号、2005年所収）、「賀川豊彦の社会思想とその実践及びその現代的展開―協同組合論を中心にして―」（『専修大学人文科学年報』、第36号、2006年所収）。

社会思想の発見とその展開

2019年5月20日　第1版第1刷

著　者　川上周三

発行者　上原伸二

発行所　専修大学出版局
　　　　〒101-0051　東京都千代田区神田神保町3-10-3
　　　　　　　　　　　（株）専大センチュリー内
　　　　電話 03-3263-4230（代）

印刷
製本　　株式会社加藤文明社

Ⓒ Shuzo Kawakami 2019　Printed in Japan
ISBN978-4-88125-339-7

フィラデルフィアの宗教とその社会
日系アメリカ人キリスト教徒の物語を中心にして

川上周三著

A5判　204頁　ISBN978-4-88125-247-5
定価（本体2400円＋税）

フィラデルフィアはアメリカ独立の記念の地であり、住民の宗教活動も多彩で、日系人との関わりも深い。本書では、二つの日系人キリスト教会の特性、組織、歴史、活動などを述べ、それぞれ独自に形成してきたエートスを分析する。

第1章　序
第2章　フィラデルフィアの歴史とその社会
第3章　フィラデルフィアと日系人との関係史
第4章　フィラデルフィアの宗教事情
第5章　フィラデルフィアの日系人キリスト教会
第6章　結び

ヴェーバー社会科学の現代的展開
グローバル化論との結合の試み

川上周三著

A5判　254頁　978-4-88125-180-5
定価（本体3200円＋税）

労働力・資金・情報が国際規模で拡大・流動するグローバリゼーションの時代と、ミクロ－マクロリンケージ理論としてのヴェーバー現代社会学は、どう関係し繋がっているのか。本書はそれを論証、解明している。

第1章　ヴェーバーと現代社会学理論
第2章　ヴェーバー社会学の構成とその意義
第3章　ヴェーバーの政治社会学と現代ナショナリズム論
　　　　―グローバリゼーションの視圏からの一検討―
第4章　マックス・ヴェーバーと賀川豊彦―その社会科学的思考の比較の試み―
第5章　宗教とグローバル化―文化変容の問題を中心にして―